子どもの規範意識の育成と道徳教育
——「社会的慣習」概念の発達に焦点づけて——

森川 敦子 *Atsuko Morikawa*

渓水社

はじめに

　本書は，2008年に広島大学に提出し，2008年9月18日に，博士（教育学）の学位を授与された学位論文「規範意識の育成に関する研究─『社会的慣習』概念の発達に焦点付けて─」に基づくものである。このたびの出版にあたって，研究者の方々はもとより現職の先生方にも使いやすいものになるよう，資料編に道徳の授業実践例を加筆するなどの修正を行った。

　筆者は20余年間，小学校教諭を勤めていた。本研究を始めたのも，小学校在職中であった。教諭になったばかりの頃は，「子どもたちは，低学年の頃は親や教師のいうことをよく聞き，決まりもよく守るが，高学年になると，親や教師の言うことを聞かなくなり，決まりも守らなってくる。高学年で決まりを守らなくなるのは自然なこと」という意識をもっていた。しかし，日々経験を重ねる中，低学年であっても決まりを守らない子どもがたくさんいる学級がある一方で，高学年であっても子どもたちが自主的に決まりを守っている学級があることを目にするうちに，「指導の仕方には，何かコツがあるのではないか」と思うようになった。

　また，当時行っていた体育科教育に関する研究の中で，スポーツルールの仕組みやルールづくりを学習した子どもたちが，日常の中でも決まりを大切にし，守っていくようになった姿に接し，「子どもたちは決まりについて適切に学ぶことによって，決まりの意味や決まりのよさを実感し，自ら決まりを守るようになっていくのではないか」という思いを強くもつようになった。「子どもたちが決まりの意味やよさを実感し，規範意識を身につけていく過程を明らかにしたい。そして，進んで決まりを守る子どもたちを育てていきたい」。本研究は，そのような一小学校教諭の素朴な疑問と経験をきっかけに始まったものである。多くの方々のご指導とご支援に支えられ，本研究が学位論文としてまとまり，ここに出版の運びとなっ

た。

　本書は本編と資料編から構成されている。本編は，4章から構成されており，資料編は，資料Ⅰの調査用紙と資料Ⅱの道徳授業の実践例から構成されている。本編の第1章では，本研究に大きな示唆を与えると考えられるチュリエル（E. Turiel）の特殊領域理論について取り上げ，研究の背景，先行研究の検討，本研究の目的について述べた。

　第2章では，チュリエルの理論に基づいて行った3つの調査（研究1，研究2，研究3）の詳細と，その結果明らかになった日本の子ども独自の判断基準やその発達過程について述べた。

　第3章では，第2章で明らかになった日本の子どもの特徴に基づき，「社会的慣習」概念の発達過程を明らかにするために行った調査（研究4）の詳細と，その結果明らかになった日本の子ども独自の「社会的慣習」概念の発達モデル及びその特徴について述べた。

　第4章では，本研究のまとめとして，日本の子どもの「社会的慣習」概念の発達モデルに基づく新たな道徳教育プログラムモデルを提案するとともに，規範意識を育成するための道徳教育への提言や今後の課題について述べた。

　資料編の資料Ⅰには，本研究に用いた質問紙等の調査用紙を，資料Ⅱには，規範意識の育成に有効と考えられる道徳の授業実践例を年齢段階毎に6例を紹介した。授業実践例については，筆者自身が小学校教諭であったこともあり，小学校での実践例が中心となってはいる。しかし，道徳授業のねらいの設定の仕方や授業の進め方などについては，中学校における道徳授業にも活用できる部分も多い。また，高学年用の資料や指導案には，すでに中学校でも実践化されているものもあり，中学校においても大いに参考にしていただける資料である。

　昨今，日本の子どもたちにおける規範意識の低下や社会的逸脱行為の増加が社会的問題の一つとして取り上げられ，道徳教育の一層の充実が急務の課題として求められている。そのような中で，本書が道徳教育について

研究している方々や，学校現場で日々子どもたちのために悪戦苦闘している先生方の一助になるものと期待している。とはいえ，本書が本当に読者の皆様の期待に充分にこたえられるものになりえているのか，不安な思いもないわけではない。その点については，読者の皆様のご意見をいただければ幸いである。

　2010年10月

森　川　敦　子

目　次

第1章　研究の背景および目的
　第1節　研究の背景 …………………………………………………3
　第2節　領域特殊理論における「社会的慣習」と「道徳」の定義
　　　　　………………………………………………………………7
　第3節　領域特殊理論に基づく先行研究の検討と本研究の目的…9
　　1　「社会的習慣」と「道徳」との概念区別に関する基準判断の研究　9
　　2　基準判断の正当性判断と「社会的習慣」概念の発達に関する研究　11
　　3　基準判断における文化普遍性の検討　14
　　4　本研究の目的　15

第2章　「社会的慣習」概念の発達過程に関する実証的研究
　第1節「社会的慣習」概念と「道徳」概念とを区別する
　　　　基準判断の検討（研究1）……………………………………17
　　1　目的　17
　　2　方法　18
　　3　手続き　19
　　4　結果　19
　　5　考察　26
　第2節「状況依存性」の正当性判断の発達的検討（研究2）……28
　　1　目的　28
　　2　方法　30
　　3　手続き　31
　　4　結果　34
　　5　考察　36
　第3節「状況依存性」の正当性判断の根拠の検討（研究3）……40
　　1　目的　40
　　2　方法　41
　　3　手続き　43
　　4　結果　43
　　5　考察　50

v

第3章 「社会的慣習」概念の発達モデル（研究4）
1 目的 53
2 方法 53
3 手続き 56
4 結果と考察 59
5 日本の子どもの「社会的慣習」概念の発達段階における各段階の特徴 60
6 日本の子どもの「社会的慣習」概念の発達モデル（森川モデル）とTurielモデルとの比較 74
7 全体的考察 80

第4章 総括
第1節 総合考察 …………………………………………………83
第2節 規範意識を育成する道徳教育への示唆と規範意識の育成に特化した道徳教育プログラムモデル ……………85
  1 「社会的慣習」と「道徳」との相違を明確に区別して構成される道徳教育 85
  2 「社会的慣習」概念の発達に基づく規範意識の育成に特化した道徳教育 89
  3 「社会的慣習」概念の発達に基づく規範意識の育成に特化した道徳教育プログラムモデル 94
第3節 今後の課題 ………………………………………………96

引用文献 …………………………………………………………97

資料編
資料Ⅰ-1 「社会的慣習」概念と「道徳」概念との区別及び「状況依存性」に関する質問紙（研究1，研究2，研究3）…………101
資料Ⅰ-2 「社会的慣習」概念の発達モデル調査における質問内容（研究4）……………………………………117
資料Ⅱ 規範意識を育成するための道徳授業の実際 ……………125

謝辞 ………………………………………………………………167
索引 ………………………………………………………………169

子どもの規範意識の育成と道徳教育
―― 「社会的慣習」概念の発達に焦点づけて ――

第1章　研究の背景および目的

第1節　研究の背景

　近年，日本の子どもたちにおける社会的逸脱行為は増加し，非行や犯罪の増加，低年齢化や凶悪化など規範意識の低下が深刻な社会問題として取り上げられている（中央教育審議会，1998；深谷昌志・深谷和子，2002，文部科学省，2008）。
このような問題に対して，道徳教育の一層の充実が必要とされている[1]。
　本研究は規範意識の育成に有効な道徳教育の構築のために，規範意識の育成に特化した道徳教育プログラムのモデルを提案するものである。
　道徳教育の充実のため，これまで我が国においても様々な取り組みがなされてきた（押谷，2001；荒木，1988；伊藤，1991；諸富・黒岩，2000等）。それらは次の3つに大別される。第1に，道徳的価値の内面的自覚の促進である。道徳的諸価値の内面的自覚を図る道徳教育では，「道徳的心情」の育成を中心に，外からの働きかけによって，道徳的諸価値の内面化を図ることをねらいとする（押谷，2001）。そのため教師にも子どもにもねらいがわかりやすく，日本では広く取り入れられている。

---

[1] 小学校学習指導要領解説道徳編（2008）では，学校指導要領の改訂における道徳教育の改善についての基本的な観点として，子どもの規範意識の希薄化等の問題に対応するためにも道徳教育の一層の充実を図らねばならないことが述べられている。また，文部科学省・警察庁（2006）児童生徒の規範意識を育むための教師用指導資料においても，子どもに社会のルールや自分の行動に責任を持つこと等の規範意識の育成を育む教育の必要性が述べられている。

第2に，道徳的価値の明確化の促進である。価値の明確化に基づく道徳教育では，道徳的諸価値は人から教えられるのではなく，子どもが生活経験の中で培われた自らの道徳的価値を自覚し，自主的に選択するべきものとされる（伴，2002）。そのため，主体的，自律的な道徳性が育成される点は評価できる。
　第3に，認知的発達理論に基づく道徳性の発達の促進である。認知的発達理論に基づく道徳教育では，子どものルールや規範に対する判断力を高め，子どもの道徳性を他律から自律へと段階的に発達させることがねらいとされる（荒木，1988）。本研究は，日本の子どもの規範意識や社会的なルール意識の発達を促すことを目的としていることから，認知的発達理論に基づく道徳教育の立場をとる。
　認知的発達理論に基づく道徳性発達理論は，まずPiaget（1930）によって提唱された。Piagetは子どものルールや規範に対する意識の研究から，子どもの道徳性は，年長者への一方的尊敬や拘束によって特徴づけられる他律的な道徳性から，協同と相互尊敬の態度による自律的な道徳性へと発達していくとした。Piagetの研究は，ルールや規範に対する意識の変容から道徳性の発達を捉えようとした点において，規範意識の発達に関する研究に重要な示唆を与えるものだと考えられる。
　Kohlberg（1969）は，Piagetの研究をさらに発展させ，前慣習的水準——慣習的水準——脱慣習的・自律的道徳水準という3水準6段階の道徳性の発達段階を示した。Kohlbergの理論は，Piagetの理論に比べて，10歳頃から青年期までの幅広い年齢におけるより詳細な道徳性の発達段階を明らかにしている点，またルールや社会規範への意識，つまり慣習的水準を越えるものとして脱慣習的・自律的道徳水準を位置づけている点において，規範意識の発達の様相をより明確に示したといえる。ただし，Kohlberg（1969）の道徳性の発達モデルは，慣習と道徳の両方を含んでおり，慣習から道徳，つまり他律的道徳から自律的道徳へと発達する一次元的なモデルといえる（首藤・二宮，2003）。Kohlberg（1969）にしたがえば，ルール

第1章 研究の背景および目的

や社会規範への意識を高めることが，自律的な道徳性の育成を図ることにつながるといえる。日本ではKohlberg理論に基づいたモラルジレンマ・アプローチにより判断力を向上させる試みが行われてきた（荒木，1988）。しかし，ルールや規範への意識を高める働きかけ，つまり慣習を育成する働きかけによって果たして慣習を越える自律的道徳を育成することができるのか，この点においては疑問が残る。

　この点に関して，前慣習的水準から慣習的水準，そして脱慣習的・自律的道徳水準へという一元的な発達モデルを示したKohlberg（1969）に対し，Kohlberg（1969）の批判的継承者のひとりであるTuriel（1983）は，社会秩序や社会システムを土台とする「社会的慣習（social convention）」と正義や公正の概念を土台とする「道徳（morality）」とはもともと質的に異なる領域概念であり，それらは別々の発達過程を持つと指摘した（首藤・二宮，2003）。そして，Turiel（1983）は，「社会的慣習」と「道徳」を区別する二元的な領域特殊理論（domain specific theory）を提唱した（首藤・二宮2003）。Turielにしたがえば，「社会的慣習」には「社会的慣習」概念の，「道徳」には「道徳」概念の発達を支援する異なる指導法が必要になると考えられる。

　また，Turiel（1980）は，「社会的慣習」概念の発達によって得られるものは，慣習的に共有される行い，つまり「規範（normative regulation）」であるとした。Turielにしたがえば，日本の子どもの規範意識の育成においても「社会的慣習」概念の発達が必要になると考えられる。

　日本の子どもの規範意識に関する研究としては，以下の研究があげられる。二宮（1984, 1985）は，小学1年生，3年生，5年生と中学1年生，3年生を対象とした研究を行い，「交通ルールを守る」「言葉遣いに気をつける」等の法規や慣習に対するルールよりも，「弱いものいじめをしない」「嘘をつかない」等の道徳的なルールの方が，加齢に伴って重視され，逸脱許容率が低くなることを明らかにした。小学4年生，5年生，6年生，中学1年生，2年生，3年生，高校1年生，2年生，3年生の規範意識を調査し

た研究（ベネッセ教育研究開発センター，1996，1997，1998，2000）から，「遅刻」，「怠学」，「教師への反抗」「喫煙」等の社会的秩序に関する逸脱許容率や逸脱体験者率は小学生よりも中学生や高校生の方が高くなることが示された。また，滝（1986），内閣府（2007）の研究から，人をいじめた体験者率は小学生が最も高く，中学生，高校生と年齢が上がるにしたがって体験者率は低くなることが示された。

　これらの研究から明らかにされたわが国の規範意識に関わる問題をTurielの理論に即して検討してみると，法規や社会的ルールなどTurielのいう「社会的慣習」に関する逸脱許容率や逸脱体験率は，小学生が最も低く，中学生や高校生の方が高くなっていく。それに対して，いじめなどTurielのいう「道徳」に関する逸脱許容率や逸脱体験者率は10-11歳頃の小学生が最も高く，中学生以降は増加しないことが示されている（森川，2008）。このことから，日本の子どもにも「社会的慣習」概念と「道徳」概念の発達の違いがあると考えられる。Turielにしたがえば，日本の子どもの規範意識を育成するためには「社会的慣習」概念の発達を促す，「社会的慣習」に特化した指導が必要だと考えられるのである。

　しかし，Turielの枠組みから見れば，これまでの日本の道徳教育では，人間関係を円滑にし，社会秩序を維持するための社会的規則に関する「社会的慣習」や人として普遍的に守るべきとされる「道徳」，さらに基本的な生活習慣などの自己管理に関する内容など，質の異なる内容が区別されず，同じものとして捉えられ（文部省，1999），同様の指導法で教えられてきたと考えられる。つまり，これまでの日本の道徳教育では，「社会的慣習」と「道徳」との区別が明確でなく，「社会的慣習」に特化した指導方法が十分開発されてこなかった。そのため，子どもたちの規範意識も十分に育成されてこなかったのではないかと考えられる。そこで，本研究においては，規範意識の育成という問題を「社会的慣習」概念の発達という観点から取り上げることとする。本研究は，Turielの領域特殊理論（1983）に着目して，日本の子どもの「社会的慣習」概念の発達過程を明らかにし，

それに基づいて規範意識の育成に特化した道徳教育プログラムのモデルを示すものである。

　Turiel（1983）にしたがい，「社会的慣習」概念を子どもの発達に即して育成すれば，規範意識も効果的に育成されるのではないかと考える。しかし，「社会的慣習」に関する研究は，日本ではまだほとんど行われておらず，「社会的慣習」に特化した指導方法も十分に開発されていない。そこで，本研究では，Turielの領域特殊理論に着目し，「社会的慣習」独自の発達モデルを明らかにし，それに基づいて規範意識の育成に特化した道徳教育プログラムのモデルを示そうとするものである。本研究によって，規範意識の育成に有効な道徳教育プログラムを開発するための基本的視点を示すことができると考える。

第2節　領域特殊理論における「社会的慣習」と「道徳」の定義

　Turiel（1980，2006）によれば，道徳的な判断や行動の基盤となる社会的知識は，「社会的慣習」領域（social conventional domain），「道徳」領域（moral domain），「個人」領域（personal domain）という3つの独立した思考領域から構成される（首藤・二宮，2003）[2]。Turiel（1983，2006）は，それぞれの領域概念は質的に異なり，別々の発達過程を持つとした。そして，「社会的慣習」概念の7段階の発達モデルを示した。

　Turiel（1980，2006）によれば，「社会的慣習」は，集団の社会的相互作

2）「社会的慣習」領域，「道徳」領域，「個人」領域の3つの領域区分はTurielが社会的知識の領域として示した領域区分である。しかし，Turiel自身も指摘するように「社会的慣習」概念と「道徳」概念は互いに関連しており，明確に区別できない混合領域（mix domain）も存在している（Turiel, 1983）。したがって，本研究においては「社会的慣習」概念と「道徳」概念とを操作的な概念として用いることとする。

用を円滑にし，社会的秩序を維持するための社会システムを土台に構成される領域概念である。「社会的慣習」には呼称，服装，校則，礼儀作法など相対的ではあるが行動上の一様性に関連した行為が含まれる。「社会的慣習」の行為は，その行為自体に善悪の規定的な性質を有していない。また，「社会的慣習」は，外的拘束によって規定されない個人の「習慣（custom）」とは異なり，外的拘束によって規定される社会組織の正当な要求とされる。

「道徳」は，普遍的な正義の概念を土台に構成される領域概念である。「道徳」には，盗み，殺人，詐欺など他者の福祉や権利に直接影響を与える行為が含まれる。「道徳」の行為には，善悪の規定的な要素が内在しており，その行為は他者の期待や規則とは無関係に善い，あるいは悪いと判断される。

「個人」領域は，自己概念や他者の概念化に基づいて構成される領域である。「個人」領域の行為には，趣味，友人の選択，容姿などプライバシーに関係した行為や自己の身体管理に関係した行為が含まれる。「個人」領域の行為は，社会秩序の維持や「道徳」的判断に束縛されない（Nucci, 1996）。

本研究では道徳教育という立場から，「社会的慣習」と「道徳」に束縛されない「個人」領域は取り上げない。本研究では，「社会的慣習」と「道徳」のふたつの領域概念を研究対象とする。そして，Turiel (1983, 2006) にしたがい，「社会的慣習」概念を集団の社会的相互作用を円滑にし，社会的秩序を維持するための社会システムを土台とする概念，そして，「道徳」概念を他者の福祉や権利に直接影響を与える正義の概念を土台とする概念とし，ふたつを区別して定義する。なお，本研究において，Turielの定義にしたがう場合には「社会的慣習」，「道徳」，「規範」と表記し，日本の道徳教育で用いられている用語とは区別して用いる。

第3節　領域特殊理論に基づく先行研究の検討と本研究の目的

　領域特殊理論に基づく「社会的慣習」概念に関連する研究は，「社会的慣習」と「道徳」との概念区別に関する研究と基準判断に基づく「社会的慣習」概念の発達に関する研究に大別することができる。

1　「社会的慣習」と「道徳」との概念区別に関する基準判断の研究

　まず，「社会的慣習」と「道徳」との概念区別に関する研究であるが，Turiel（1983）によれば，「社会的慣習」概念と「道徳」概念は，「規則随伴性（rule contingency）」「規則可変性（rule alterability）」「権威依存性（authority contingency）」「一般化可能性（generalizability）」「状況依存性（contextualism）」の5つの基準判断（criterion judgment）から区別される[3]。

　「社会的慣習」と「道徳」との概念区別に関する研究は，これまでにアメリカを中心に行われてきた（Davidson, Turiel & Black, 1983；Dodsworth-Rugani, 1982；Nucci, 1981；Nucci, Turiel & Gawrysh, 1983；Smetana, 1981, 1984, 1985；Stoddart & Turiel, 1985；Tisak & Turiel, 1988；Turiel, 1983；Weston & Turiel, 1980）。そして，Smetana（1981, 1985），Davidson, et al.（1983），Tisak & Turiel（1988），Weston & Turiel（1980）の研究から，アメリカの子どもたちは4，5歳頃から，直観的に「社会的慣習」と「道徳」との概念

3）Turiel（1983），首藤（1992）によれば，5つの基準判断とは以下の通りである。①規則随伴性：「社会的慣習」の違反は規則が存在するときだけ悪いとされるが，「道徳」の違反はたとえ規則がなくとも悪いとされる。②規則可変性：「社会的慣習」の規則は集団内のメンバーの合意により変更できるが，「道徳」の規則は変更できない。③権威依存性：「社会的慣習」の規則の施行については，集団内の権威者の力が強く大きい。④一般化可能性：「道徳」は集団の違いに無関係に適用されるが，「社会的慣習」は特定の集団にだけ適用される。⑤状況依存性：「社会的慣習」の規則は理由次第で許容されるが「道徳」の規則はそうではない。

区別を行っており，6歳頃からは，明確に「社会的慣習」と「道徳」との概念区別を行うようになることが明らかにされた。また，逸脱行為がどの程度悪いかの「重大性（seriousess）」判断及びそれぞれの基準判断から，「道徳」の逸脱行為は「社会的慣習」の逸脱行為よりも悪いと判断されることも明らかにされた。さらに，Davidson, et al.(1983)，Dodsworth-Rugani (1982)，Smetana (1981, 1985)，Tisak & Turiel (1988) の研究から，概念区別の際に用いる「規則随伴性」や「権威依存性」の基準判断には年齢による差異が見られず，一貫して用いられていることも明らかにされた。

　これらの研究は，アメリカの子どもが6歳頃から，一定の基準判断を用いて，「社会的慣習」概念と「道徳」概念を明確に区別していることを示している。つまり，「社会的慣習」概念と「道徳」概念とは，Turiel が指摘する通り，質の異なる概念であることが明らかにされた。このことから，「道徳」概念とは異なる「社会的慣習」概念が存在することが明らかになった。

　日本の子どもの「社会的慣習」と「道徳」との概念区別に関する研究としては，吉岡 (1985)，首藤・岡島 (1986)，首藤 (1999) の研究があげられる。吉岡 (1985) は，小学3年生，6年生，中学3年生，高校2年生を対象に「規則随伴性」の基準判断を用いた研究を行った。

　その結果，「社会的慣習」と「道徳」との概念区別が存在すること，その区別は加齢と共に明確になっていくことが明らかになった。首藤・岡島 (1986) は，幼児，小学生3年生，6年生，大学生を対象に「規則随伴性」，「規則可変性」，「権威依存性」，「一般化可能性」の基準判断を用いた研究を行った。その結果，幼児は「権威依存性」の基準判断から「社会的慣習」と「道徳」との概念区別を行っていること，小学生と大学生は「規則随伴性」，「規則可変性」，「権威依存性」，「一般化可能性」の基準判断から概念区別を行っていること，そして，概念区別は加齢と共に明確になっていくことを明らかにした。首藤 (1999) は，小学校2年生，3年生，4年生，5年生，6年生，大学生を対象に「規則随伴性」を用いた研究を行った。その

結果，小学生と大学生においては，「社会的慣習」と「道徳」との概念区別が存在すること，そして，「規則随伴性」による概念区別は，加齢と共に明確になっていくことを明らかにした。

　吉岡（1985），首藤・岡島（1986），首藤（1999）の研究によって，日本の子どもにおいてもアメリカの子どもと同様に「社会的慣習」と「道徳」の概念区別が存在することが明らかにされた。しかし，日本の子どもはアメリカの子どものように明確な基準判断を持たず，「社会的慣習」と「道徳」との概念区別も発達に伴って明確になることが明らかにされた。

2 基準判断の正当性判断と「社会的慣習」概念の発達に関する研究

　次に，基準判断に基づく「社会的慣習」概念の発達に関する研究についてであるが，アメリカではTurielらの研究（Davidson, et al., 1983；Dodsworth-Rugani, 1982；Smetana, 1981, 1985；Tisak & Turiel, 1988）によって，「規則随伴性」，「権威依存性」が「社会的慣習」と「道徳」とを区別する基準判断として用いられていることが明らかにされた。このことから，「規則随伴性」と「権威依存性」の基準判断に基づいて，「社会的慣習」概念の発達に関する研究が行われている。

　「権威依存性」に基づいた研究としては，Smetana & Bitz（1996）があげられる。Smetana & Bitz（1996）は，小学5年生，中学1年生，中学3年生，高校2年生を対象に，教師権威に対する「権威依存性」の正当性判断をもとに，「社会的慣習」概念の発達に関する研究を行った。その結果，「権威依存性」への正当性判断は「社会的慣習」においても「道徳」においても全体的に高いことを明らかにした。また，その判断は他の学年に比べて5年生が最も高く，「権威依存性」に基づく「社会的慣習」概念には，年齢的な変容が見られることが明らかにされた。

　「規則随伴性」に基づいた研究としては，第1にDodsworth-Ruganiの研究（1982）があげられる。Dodsworth-Rugani（1982）が7歳から13歳を対象に，基準判断と校則の存在に対する正当性判断を用いて行った研究から，

校則における「規則随伴性」に基づく「社会的慣習」概念には，発達的な変容が見られることが明らかにされた。Dodsworth-Rugani（1982）によれば，校則における規則の統合的機能概念は，次のような発達段階を持つ。規則は社会構造の構成要素間の関係をさまざまな役割を持つ個人の行為を抑制することによって維持する段階の第1段階，規則は社会構造の構成要素間の関係をさまざまな役割を持つ個人の行為を抑制することによって維持するが，規則は不可変とはみなされない段階の第2段階，規則は集団の構成員を組織する第1の手段としてみなされる段階の第3段階，集団構成員を調整する手段としてみなされる規則は，権威者の判断により必要に応じて変更もしくは適用することができるとする段階の第4段階，そして，全構成員による規則の遵守は社会システムを維持するため及び全構成員に同じ機会を与えるために不可欠とされる段階の第5段階である。そして，2年生は1段階，5年生は2段階，8年生は3段階と4段階に関係が深いことが示された。

　第2に，Turielの研究があげられる。Turiel（1978）は，6歳から25歳を対象に，「社会的慣習」の逸脱に対する善悪判断やその理由付けの回答から「規則随伴性」を決定づけている根拠を特定し，その発達的特徴から「社会的慣習」概念の発達段階を明らかにする研究を行った。その結果，「社会的慣習」への肯定と否定を繰り返しながら発達する7段階の「社会的慣習」概念の発達モデルを創出した。Turiel（1978）によれば，「社会的慣習」概念は，社会的均一性を表現するものとして慣習を肯定する第1段階（6-7歳）から，社会的均一性を表現するものとしての慣習を否定する第2段階（8-9歳），慣習を規則や権威者の期待に沿うものとしてとらえ，規則や慣習を肯定する第3段階（10-11歳），慣習を恣意的なものととらえ，規則体系としての慣習を否定する第4段階（12-13歳），慣習を社会の統一性を保つためのものととらえ，社会のシステムに媒介された慣習を肯定する第5段階（14-16歳），慣習を社会的な基準としてとらえるが，慣習それ自体は社会的システムが適切に機能するための必要条件であるとは考え

ず，慣習を否定する第6段階（17-18歳）を経て，慣習は社会的相互作用を円滑にするためにあると考え，慣習を肯定する第7段階（18-25歳）へと発達していくとされる。Turiel（1978）の研究から，「社会的慣習」概念は，「社会的慣習」への肯定と否定を繰り返しながら発達していくことが明らかにされた。

　Smetana & Bitz（1996），Dodsworth-Rugani（1982），Turiel（1978）の研究から，基準判断に基づく「社会的慣習」概念には，発達過程があることが明らかにされ，Turilel（1978）の研究から「規則随伴性」に基づく「社会的慣習」概念の発達モデルが明らかにされた。特にTuriel（1978）の研究は，日本の子どもの「社会的慣習」概念の発達過程を明らかにしようとする本研究にとって，重要な示唆を与える研究である。

　次に，日本における基準判断に基づく「社会的慣習」概念の発達に関する研究であるが，首藤・二宮（2003）は，日本の子どもが「社会的慣習」と「道徳」との概念区別を行う際に「権威依存性」の基準判断に敏感だとする研究結果（首藤・岡島，1986）に基づき，「権威依存性」の基準判断に基づく「社会的慣習」概念の発達に関する研究を行った。首藤・二宮（2003）は，Smetana & Bitz（1996）にしたがい，日本の小学生5年生，中学生1年生，3年生，高校生2年生，大学生を対象に教師権威における「権威依存性」の正当性判断について検討した。その結果，「道徳」の行為における「権威依存性」の正当性判断の割合は高く，「道徳」に対する教師権威を認めているが，「社会的慣習」においては，「権威依存性」の正当性判断の割合は低く，教師権威を認めない傾向にあること，「社会的慣習」の行為における「権威依存性」の正当性判断の割合は，5年生が最も高く，その後，学年が上がるにつれて正当性判断の割合は低下し，大学生で再び高くなることが明らかにされた。

　首藤・二宮（2003）の研究から，日本の子どもにおいてもSmetana & Bitz（1996）の研究と同様に，「権威依存性」の正当性判断には年齢的な変容が見られることが明らかにされた。しかし，「社会的慣習」に対する日

本の子どもの「権威依存性」の正当性判断は，アメリカの子どもに比べて低いことが明らかにされた。首藤・二宮（2003）の研究結果は，Smetana & Bitz（1996）の研究とは異なる結果である。つまり「権威依存性」に基づく基準判断においても日本の子どもはアメリカの子どもとは異なり，年齢的変容の見られない安定した判断を行っていないことが明らかになった。

3 基準判断における文化普遍性の検討

吉岡（1985），首藤・岡島（1986），首藤（1999）の研究から，日本の子どもにおいてもアメリカの子どもと同様に「社会的慣習」と「道徳」の概念区別が存在することが明らかにされた。しかし，日本の子どもはアメリカの子どもとは異なり「社会的慣習」と「道徳」との概念区別も発達に伴って明確になるのであって，アメリカの子どものように年齢的変容の見られない明確な基準判断を持たないことが明らかにされた。

このように首藤らの研究結果は，Turielらの研究とは異なる結果である。この点について，Turiel（1983）は，領域特殊理論の文化普遍性を主張しているが，各国における調査結果は必ずしもTurielの主張する文化普遍性を支持する結果を示しているとはいえない。たとえば，インドで行われた研究（Shweder, Mahapatra & Miller, 1987；Miller, & Bersoff, 1995）から，「社会的慣習」概念と「道徳」概念の内容に関する文化的相違が明らかにされた。つまり，Shweder, Mahapatra & Miller（1987）の研究から，インドのように伝統的に強固な階層社会の歴史をもつ文化のもとでは，食事，服装，呼称などは「社会的慣習」とは見なされず，社会的役割に付随する「道徳」的義務として捉えられることが明らかにされた。また，Miller, & Bersoff（1995）の研究から，自己犠牲を伴う対人関係に関することがらをアメリカ人が「個人」領域の問題と捉えるのに対して，インド人は「道徳」と捉えることが明らかにされたのである。

Shweder, Mahapatra & Miller（1987），Miller, & Bersoff（1995）の研究に

したがえば「規則随伴性」と「権威依存性」とは普遍的な基準判断ではなく，概念区別に文化的相違があるのと同様に，基準判断にも文化的相違があると考えられる。首藤らの研究は，日本の子どもは「規則随伴性」や「権威依存性」の基準判断から「社会的慣習」と「道徳」を明確に区別できないことを明らかにした。しかし，日本の子どもが「規則随伴性」や「権威依存性」に代わる日本独自の基準判断を用いて「社会的慣習」と「道徳」との概念区別を行っているかどうかという点についてはまだ明らかにされていない。したがって，日本の子ども独自の基準判断を明らかにし，その正当性判断に基づいて「社会的慣習」の発達過程を明らかにする必要がある。

4　本研究の目的

そこで本研究では，Turielの領域特殊理論に依拠して，日本の子ども独自の「社会的慣習」概念の発達過程を明らかにすることにする。本研究の目的は，日本の子どもの「社会的慣習」概念の発達モデルを策定し，それに基づく規範意識の育成に特化した道徳教育のプログラムモデルを示すことである。そのために，まず「社会的慣習」と「道徳」とを区別する基準判断を明らかにする。その際，「規則随伴性」，「規則可変性」，「権威依存性」，「一般化可能性」に「状況依存性」を加えた5つの基準判断を用いる（研究1）。第2に，研究1で明らかになった基準判断について，その正当性判断の年齢的変容を明らかにする（研究2）。第3に，正当性判断の年齢的変容の根拠となる考え方を明らかにする（研究3）。第4に，研究3で明らかになった根拠にもとづいて「社会的慣習」概念の発達モデルを策定する（研究4）。第5に，研究4で明らかになった「社会的慣習」概念の発達モデルに基づき，規範意識の育成に特化した道徳教育プログラムのモデルを示す。

第2章 「社会的慣習」概念の発達過程に関する実証的研究

第1節 「社会的慣習」概念と「道徳」概念とを区別する基準判断の検討（研究1）

1 目的

　第1章で述べたように，日本では，首藤・岡島（1986）が「重大性」判断および「規則随伴性」「権威依存性」「規則可変性」「一般化可能性」の4つの基準判断から，吉岡（1985）と首藤（1999）が「規則随伴性」の基準判断から「社会的慣習」と「道徳」との概念区別についての研究を行っている。その結果，①日本の子どもたちは「社会的慣習」と「道徳」とを区別する安定した基準判断を持っていないこと，②「道徳」と「社会的慣習」の区別は，小学校3年生頃から年齢が上がるにつれて明確になること，③逸脱行為の「重大性（seriousness）」及びそれぞれの基準判断から，「道徳」の逸脱行為は「社会的慣習」の逸脱行為よりも悪いと判断される傾向にあることが示された。しかし，このうち①と②の結果は，Turielらの研究とは異なる結果である。この相違の原因のひとつとして，「重大性」の影響が考えられる。首藤・岡島（1986），吉岡（1985），首藤（1999）の研究では「社会的慣習」の中でも「重大性」の低い「社会的慣習」課題と，「重大性」の高い「道徳」課題とが比較されており，子どもたちは基準判断からではなく，「重大性」にもとづいた判断を行っていた可能性がある。しかし，Turiel（1983）が指摘しているように「重大性」は，「社会的慣習」と「道徳」とを区別する基準判断ではない。それ故，Turielらの研究と異なる結果が出たと考えられる。

そこで，本研究では，「社会的慣習」課題と「道徳」課題の「重大性」を統制し，「重大性」に影響されない基準判断を明らかにした。本研究の目的は，「社会的慣習」課題と「道徳」課題の「重大性」を統制した上で，Turielの発達モデルの年齢段階にしたがって，6-7歳，8-9歳，10-11歳，12-13歳，14-16歳，17-18歳，18-25歳の7つの年齢段階で質問紙調査を行い，日本の子どもが「社会的慣習」と「道徳」とを区別する際に用いている基準判断を明らかにすることであった。

2　方法

調査対象者

　Turiel（1983）の「社会的慣習」概念の発達段階にしたがい，H県内の6-7歳（1段階，92名，男45名，女47名，平均年齢7歳3ヶ月），8-9歳（2段階，122名,男65名，女57名，平均年齢8歳11ヶ月），10-11歳（3段階，99名，男49名，女50名，平均年齢10歳11ヶ月）12-13歳（4段階，102名，男46名，女56名，平均年齢12歳9ヶ月），14-16歳（5段階，140名，男62名，女78名，平均年齢15歳6ヶ月），17-18歳（6段階，53名，男31名，女22名，平均年齢17歳8ヶ月），20-22歳（7段階，69名，男20名，女49名，平均年齢20歳10ヶ月）の小学生，中学生，高校生，大学生677名であった。

調査内容

　Turiel（1983）の理論と二宮（1985，1986）及び予備調査によって，逸脱行為の重大性が同様に高いとされた4課題を策定した。まず，Turiel（1983）の理論と二宮（1985，1986）の先行研究に基づいて，「社会的慣習」と「道徳」の課題を各20課題，計40課題を抽出した。次に予備調査を行い，課題の策定を行った。予備調査は，H県内の公立小学校1年生（42名，男20名，女22名，平均年齢7歳6ヶ月），3年生（41名，男17名，女24名，平均年齢9歳7ヶ月），5年生（45名，男29名，女16名，平均年齢11歳6ヶ月），及びH大学

生（121名，男43名，女78名，平均年齢20歳3ヶ月）を対象に行った。Turiel (1983) の理論と二宮（1985, 1986）の先行研究に基づいて作成した「道徳」と「社会的慣習」の計40課題に対して，その行為をどの程度悪いと判断するかという「重大性」の回答を求め得点化した。次に，t 検定を用いて差の検定を行い，4つの全年令段階において「道徳」と「社会的慣習」の課題の「重大性」に有意差の見られなかった課題のうち，小学生に理解しやすい課題を各2課題，計4課題策定した。

研究1で用いた課題は，「社会的慣習」が1) 公園にゴミをちらかす，2) 赤信号で渡る，「道徳」が1) 人に砂を投げる，2) 人の嫌がることを言う，であった。各課題は簡単な物語にした。

質問は逸脱行為の「重大性」，5つの基準判断の順に行った。「重大性」については，その行為がどの程度悪いかについて，「とても悪い4」から「全然悪くない0」の5段階で回答を求めた。5つの基準判断については，その行為がどの程度悪いかについて，「とても悪い3」から「全然悪くない0」の4段階で回答を求めた。表1，表2，表3，表4はそれぞれの課題と質問内容である。

3　手続き

集合調査法による調査を行った。小学生と中学生については調査者が課題と質問文を読み上げ，被験者が一斉に回答する形式で行った。なお小学1．2．3年生については，課題の場面を理解しやすいよう図版も示した。高校生と大学生については各自のペースで回答する形式で行った。調査の所要時間は，20分〜45分程度であった。調査時期は，2006年5月であった。

4　結果

年齢に伴う各基準判断の出現

まず，各個人の4つの課題における回答値にもとづき，各年齢段階毎，

表1 「公園にゴミをちらかす」(「社会的慣習」)の質問内容

項目	内容
課題	あけみさんの学校では公園や広場にゴミをちらかさないことになっています。ある日,あけみさんは公園に遊びに行きゴミをちらかしたまま帰りました。
逸脱行為の重大性	公園や広場などにゴミをちらかすことは,悪いことだと思いますか。( )の中に1つ○をしてください。 とても悪い　　少し悪い　　どちらとも言えない あまり悪くない　全然悪くない
規則随伴性	あけみさんの学校には「公園や広場にごみをちらかしてはいけない」というきまりがあります。あけみさんがしたことは悪いですか。悪くないですか。 とても悪い　少し悪い　あまり悪くない　全然悪くない
規則可変性	あけみさんは「公園や広場にごみをちらかしてはいけない」というきまりをみんなで話し合って「ちらかしてもよい」と変えました。これは,悪いですか。悪くないですか。 とても悪い　少し悪い　あまり悪くない　全然悪くない
権威依存性	先生は,あけみさんをおこりませんでした。あけみさんのしたことは悪いですか。悪くないですか。 とても悪い　少し悪い　あまり悪くない　全然悪くない
一般化可能性	あけみさんは転校していったよその国の公園でごみをちらかしました。あけみさんのしたことは悪いですか。悪くないですか。 とても悪い　少し悪い　あまり悪くない　全然悪くない
状況依存性	あけみさんがそうしたのには,わけがありました。あけみさんのしたことは悪いですか。悪くないですか。 とても悪い　少し悪い　あまり悪くない　全然悪くない

表2 「赤信号で渡る」(「社会的慣習」)の課題と質問内容

項　目	内　　　容
課　題	ゆうこさんの学校では，交通ルールを守ることになっています。ある日，ゆうこさんは，赤信号のままで道路をわたりました。
逸脱行為の重大性	赤信号のままで道路をわたることは，悪いことだと思いますか。( )の中に1つ○をしてください。 　　とても悪い　　　少し悪い　　　どちらとも言えない 　　あまり悪くない　全然悪くない
規則随伴性	ゆうこさんの学校には「赤信号でわたらない」というきまりはありません。ゆうこさんのしたことは悪いですか。悪くないですか。 　　とても悪い　少し悪い　あまり悪くない　全然悪くない
規則可変性	ゆうこさんは「赤信号でわたらない」というきまりをみんなで話し合って「わたってもよい」と変えました。これは悪いですか。悪くないですか。 　　とても悪い　少し悪い　あまり悪くない　全然悪くない
権威依存性	先生は，ゆうこさんをおこりませんでした。ゆうこさんのしたことは悪いですか。悪くないですか。 　　とても悪い　少し悪い　あまり悪くない　全然悪くない
一般化可能性	ゆうこさんは転校していったよその国の道路を赤信号でわたりました。ゆうこさんのしたことは悪いですか。悪くないですか。 　　とても悪い　少し悪い　あまり悪くない　全然悪くない
状況依存性	ゆうこさんがそうしたのには，わけがありました。ゆうこさんのしたことは悪いですか。悪くないですか。 　　とても悪い　少し悪い　あまり悪くない　全然悪くない

表3 「人に砂を投げる」(「道徳」)の課題と質問内容

項　目	内　　容
課　題	しずかさんの学校では，人に向かって物を投げないことになっています。ある日，しずかさんは，けいこさんに向かって砂を投げました。
逸脱行為の重大性	人に向かって物を投げることは，悪いことだと思いますか。（　）の中に1つ○をしてください。 　　とても悪い　　　少し悪い　　　どちらとも言えない 　　あまり悪くない　全然悪くない
規則随伴性	しずかさんの学校には「人に向かって物を投げてはいけない」というきまりはありません。しずかさんのしたことは悪いですか。悪くないですか。 　　とても悪い　少し悪い　あまり悪くない　全然悪くない
規則可変性	しずかさんは「人に向かって物を投げてはいけない」というきまりをみんなで話し合って「投げてもよい」と変えました。これは悪いですか。悪くないですか。 　　とても悪い　少し悪い　あまり悪くない　全然悪くない
権威依存性	先生はしずかさんをおこりませんでした。しずかさんのしたことは悪いですか。悪くないですか。 　　とても悪い　少し悪い　あまり悪くない　全然悪くない
一般化可能性	しずかさんは転校していったよその国の学校で人に向かって物を投げました。 しずかさんのしたことは悪いですか。悪くないですか。 　　とても悪い　少し悪い　あまり悪くない　全然悪くない
状況依存性	しずかさんがそうしたのには，わけがありました。しずかさんのしたことは悪いですか。 　　とても悪い　少し悪い　あまり悪くない　全然悪くない

表4 「人の嫌がることを言う」(「道徳」)の課題と質問内容

項　目	内　　　容
課　題	ゆかりさんの学校では，人のいやがることを言わないことになっています。ある日，ゆかりさんはえみさんがいやがることを言いました。
逸脱行為の重大性	人のいやがることを言うことは，悪いことだと思いますか。（　）の中に1つ○をしてください。 とても悪い　　少し悪い　　どちらとも言えない あまり悪くない　全然悪くない
規則随伴性	ゆかりさんの学校には「人のいやがることを言ってはいけない」というきまりはありません。ゆかりさんのした　ことは悪いですか。悪くないですか。 とても悪い　少し悪い　あまり悪くない　全然悪くない
規則可変性	ゆかりさんは「人のいやがることを言ってはいけない」というきまりをみんなで話し合って「言ってもよい」と変えました。これは悪いですか。悪くないですか。 とても悪い　少し悪い　あまり悪くない　全然悪くない
権威依存性	先生はゆかりさんをおこりませんでした。ゆかりさんのしたことは悪いですか。悪くないですか。 とても悪い　少し悪い　あまり悪くない　全然悪くない
一般化可能性	ゆかりさんは転校していったよその国の学校で人のいやがることを言いました。ゆかりさんのしたことは悪いですか悪くないですか。 とても悪い　少し悪い　あまり悪くない　全然悪くない
状況依存性	ゆかりさんがそうしたのには，わけがありました。ゆかりさんのしたことは悪いですか。悪くないですか。 とても悪い　少し悪い　あまり悪くない　全然悪くない

表5　年齢に伴う各基準判断の出現

Turielの発達段階と年齢	1段階 6-7歳	2段階 8-9歳	3段階 10-11歳	4段階 12-13歳	5段階 14-16歳	6段階 17-18歳	7段階 18-25歳
規則随伴性		*1					
規則可変性		*1	**1				**1
権威依存性		**1					
一般化可能性							
状況依存性		***1	**1				*2

注1：1は「社会的慣習」の逸脱行為の方をより悪いと判断したもの，2は「道徳」の逸脱行為の方をより悪いと判断したものを示す。
注2：＊は t 検定による有意確率を示す。
　　＊p＜.05　　＊＊p＜.01　　＊＊＊p＜.001

　各基準毎に平均値を算出した。次に，算出値をもとに各基準，各年齢段階毎に「社会的慣習」2課題と「道徳」2課題の悪さ程度について差の検定を行った。表5は，年齢に伴う基準判断の出現を示したものである。

① 「規則随伴性」
　「規則随伴性」においては，8-9歳（t(121)=-2.301, p<.05）のみで「社会的慣習」と「道徳」との有意差が見られた。8-9歳の子どもたちは「規則随伴性」の基準から「社会的慣習」の逸脱行為を「道徳」の逸脱行為よりも悪いと判断していた。

② 「規則可変性」
　「規則可変性」においては，8-9歳（t(121)=-2.675, p<.05），10-11歳（t(98)=-3.351, p<.01），18-25歳（t(68)=-3.240,p<.01）で有意差が見られた。8-9歳，10-11歳，18-25歳の子どもたちは「規則可変性」の基準から「社会的慣習」の逸脱行為を「道徳」の逸脱行為よりも悪いと判断していた。

③ 「権威依存性」
　「権威依存性」においては，8-9歳（t(121)=-2.619, p<.05）のみで有意差が

見られた。8-9歳の子どもたちは「権威依存性」の基準から「社会的慣習」の逸脱行為を「道徳」の逸脱行為よりも悪いと判断していた。
④「一般化可能性」
いずれの年齢段階においても有意差は見られなかった。
⑤「状況依存性」
「状況依存性」においては、8-9歳（$t(121)=-4.216, p<.001$）、10-11歳（$t(98)=-3.344, p<.01$）、18-25歳（$t(68)=2.320, p<.05$）で有意差が見られた。8-9歳と10-11歳の子どもたちは、「状況依存性」の基準から「社会的慣習」の逸脱行為を「道徳」の逸脱行為よりも悪いと判断していたが、18-25歳では「道徳」の逸脱行為の方を「社会的慣習」の逸脱行為よりも悪いと判断していた。

図1は「状況依存性」における「社会的慣習」と「道徳」との区別の程度と判断の変容をモデル図として示したものである。

図1のように「状況依存性」の基準判断では、「社会的慣習」と「道徳」との概念区別において、「社会的慣習」の逸脱行為をより悪いとする「社

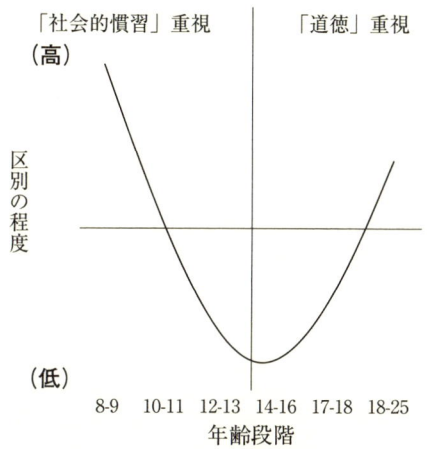

図1　「状況依存性」における「社会的慣習」と「道徳」との
　　　区別の程度と判断の変容のモデル図

会的慣習」重視の年齢段階から，基準判断による区別が見られなくなる段階を経て，「道徳」の逸脱行為をより悪いとする「道徳」重視の段階へとU字型の変容をたどることが示唆された。

5 考察

本研究の目的は，「重大性」を統制することによって，「社会的慣習」と「道徳」との概念区別に日本の子どもが用いている基準判断を明らかにすることであった。本研究の結果から，次の点が明らかになった。

第1に子どもたちは「規則随伴性」「規則可変性」「権威依存性」「一般化可能性」ではなく，「状況依存性」の基準判断から「社会的慣習」と「道徳」との概念区別を行う傾向があることであり，第2に8-9歳頃から18-25歳頃にかけて，「社会的慣習」重視から「道徳」重視へとU字型の変容をたどる傾向があることである。

まず第1の点であるが，本研究の結果，子どもたちは「社会的慣習」と「道徳」との概念区別を「規則随伴性」「規則可変性」「権威依存性」「一般化可能性」ではなく，「状況依存性」の基準判断から行う傾向が明らかになった。首藤・岡島 (1986) の研究では，小学校3年生頃から青年期にかけて「規則随伴性」，「規則可変性」，「権威依存性」，「一般化可能性」の基準判断から，「道徳」の逸脱行為を「社会的慣習」の逸脱行為よりもより悪いと判断するとされていた。しかし，本研究では「一般化可能性」は，いずれの年齢段階においても基準判断として用いられていなかった。「規則随伴性」と「権威依存性」についても，8-9歳でしか有意差が見られず，その判断も「社会的慣習」の逸脱行為の方をより悪いとする判断であった。そのためTurielのいう基準判断としては用いられていないと考えられる。「規則可変性」についても，8-9歳，10-11歳，18-25歳の年齢段階で有意差が見られたが，いずれも「社会的慣習」の逸脱行為の方をより悪いとする判断であり，「道徳」の逸脱行為をより悪いとする判断への変容は見られなかった。このことから，「規則可変性」もTurielのいう基準判断として

用いられていないと考えられる。このように本研究では,「規則随伴性」「規則可変性」「権威依存性」「一般化可能性」のいずれも「社会的慣習」と「道徳」とを区別する基準判断として用いられていないことが明らかになった。

この相違の原因としては,「重大性」の影響が考えられる。首藤・岡島 (1986), 首藤 (1999) の研究で用いられた「道徳」課題と「社会的慣習」課題では,「道徳」課題の方が「重大性」が高いと判断されていた。したがって各基準判断からの判断にも,「重大性」が強い影響を与えていたと考えられる。本研究の結果,「重大性」を排除した場合,「一般化可能性」「規則随伴性」「規則可変性」「権威依存性」は,基準判断として用いられていないことが明らかになった。

本研究の結果,子どもたちは「社会的慣習」と「道徳」との概念区別において,「状況依存性」の基準判断を用いていることが明らかになった。「状況依存性」については,「規則可変性」と同様に8-9歳,10-11歳,18-25歳で有意差が見られた。8-9歳,10-11歳ではいずれも「社会的慣習」の逸脱行為の方を悪いとする判断を行っているが,12-13歳から17-18歳では,一旦,区別についての有意差が見られなくなる。しかし,18-25歳では再び有意差が見られ,それまでとは逆に「道徳」の逸脱行為の方を悪いとする判断に変容する。「社会的慣習」の逸脱行為よりも「道徳」の逸脱行為の方を悪いとする判断への変容が見られる点において,「状況依存性」は他の基準判断とは異なる。したがって,5つの基準判断の中で「社会的慣習」と「道徳」とを区別する基準判断として用いられているのは,「状況依存性」であると考えられる。

これは,「状況依存性」を取り上げていない首藤・岡島 (1986), 首藤 (1999) の研究では明らかになっていなかった点である。これまでにも「状況依存性」を扱った研究 (首藤, 1997, 1998, 2001) は行われている。しかし,それらは,状況が「主人公が異性だったら」という性差に限定されていた研究 (首藤, 1997),性役割概念についての研究 (首藤, 2001),教

師を対象とした研究（首藤，1999）であった。そのため，これまで子どもが「社会的慣習」と「道徳」とを区別する際の基準として「状況依存性」を用いていることは明らかにされていなかった。

次に第2点であるが，本研究の結果，8-9歳頃から18-25歳頃にかけて，「社会的慣習」重視から「道徳」重視へとU字型の変容をたどる傾向があることが明らかになった。首藤・岡島（1986），首藤（1999）の研究では，小学校3年生頃から大学生にかけて「社会的慣習」と「道徳」との概念区別は加齢とともに直線的に明確になるとされていた。首藤・岡島（1986），首藤（1999）の研究では，中学生と高校生は研究対象とされておらず，13歳から18歳頃までの年齢段階の様相については，明らかにされていない。しかし，6-7歳から18-25歳までの7段階の子どもたちを研究対象とした本研究の結果，12歳から18歳頃の年齢段階においては「社会的慣習」と「道徳」との区別が明確ではなかった。このことから，本研究によって「社会的慣習」と「道徳」との区別は，8-9歳頃から18-25歳頃にかけて，U字型に発達することが明らかになったといえる。したがって，次に「状況依存性」の基準判断について検討を加え，その年齢的変容を明らかにする必要が生じた。

第2節 「状況依存性」の正当性判断の発達的検討（研究2）

1 目的

研究1によって，日本の子どもは「社会的慣習」と「道徳」との概念区別において，「状況依存性」の基準判断を用いていることが明らかになった。また，「状況依存性」に基づく「社会的慣習」と「道徳」との区別は，8-9歳頃から18-25歳頃にかけて発達することが明らかになった。したがって，「社会的慣習」概念の発達モデルを策定するためには，研究1で明らかになった「状況依存性」の基準判断の年齢的変容を明らかにする必要が

生じた。

　アメリカにおいては，子どもたちが「権威依存性」を基準判断としていることから，Smetana & Bitz（1996）は教師権威を取り上げ，「権威依存性」の正当性判断について発達的検討を行った。その結果，小学5年生，中学1年生，3年生，高校2年生を対象とした研究から，「権威依存性」の正当性判断は「社会的慣習」においても「道徳」においても全体的に高いことが示された。その中でも，5年生が最も高く，年齢によって「権威依存性」の正当性判断が異なることが明らかにされた（Smetana & bitz, 1996）。

　日本においても「権威依存性」の正当性判断についての研究が行われている。首藤・二宮（2003）は，日本の子どもが「社会的慣習」と「道徳」との概念区別を行う際に「権威依存性」の基準判断に敏感だとする研究結果（首藤・岡島，1986）に基づき，権威概念の発達に関する研究を行った。首藤・二宮（2003）は，Smetana & Bitz（1996）にしたがい，日本の小学生5年生，中学生1年生，3年生，高校生2年生，大学生を対象に教師の権威概念の発達について検討した。その結果，「道徳」の行為における「権威依存性」の正当性判断の割合は高く，「道徳」に対する教師の権威を認めているが，「社会的慣習」においては，「権威依存性」の正当性判断の割合は低く，教師の権威を認めない傾向にあること，「社会的慣習」における正当性判断の割合は，5年生が最も高く，その後，学年が上がるにつれて正当性判断の割合は低下し，大学生で再び高くなることが明らかにされた。首藤・二宮（2003）の研究から，日本の子どもにおいてもSmetana & Bitz（1996）の研究と同様に，教師の権威概念には年齢的な変容が見られることが明らかにされた。しかし，「社会的慣習」に対する日本の子どもの「権威依存性」の正当性判断は，アメリカの子どもに比べて低いことが明らかにされた。これらは，「権威依存性」に基づく研究である。したがって，「状況依存性」についても，同様にその正当性判断についての研究が必要となった。

　そこで，研究2では，「社会的慣習」概念の発達モデルを策定するため

に，Smetana & Bitz(1996)，首藤・二宮 (2003) らの方法に基づき「状況依存性」の基準判断について，その正当性判断の年齢的変容を明らかにした。

また，「状況依存性」については，周りの集団や環境などの文化的，社会的要因に依存すると考えられた。この点に関しては，鈴木・森川 (2005) の研究から，8-9歳では「社会的慣習」判断において「状況依存性」の中でも他者との関係性にもとづく基準から判断する傾向が明らかにされている。日本人は欧米人よりも集団主義的（Triandis, 2002）であり，道徳的な判断においても対人関係を優先する傾向がある（中根, 1967）という指摘をふまえると，「状況依存性」の判断に文化的，社会的要因である集団主義思考が作用している可能性が考えられた。そこで，本研究では集団主義尺度と「状況依存性」の正当性判断との相関を検討し，集団主義的思考が「状況依存性」判断に影響を与えているかについても明らかにした。

2 方法

調査対象者

研究1と同一のH県内の6-7歳（1段階，92名，男45名，女47名，平均年齢7歳3ヶ月），8-9歳（2段階，122名,男65名，女57名，平均年齢8歳11ヶ月），10-11歳（3段階，99名，男49名，女50名，平均年齢10歳11ヶ月）12-13歳（4段階，102名，男46名，女56名，平均年齢12歳9ヶ月），14-16歳（5段階，140名，男62名，女78名，平均年齢15歳6ヶ月），17-18歳（6段階，53名，男31名，女22名，平均年齢17歳8ヶ月），20-22歳（7段階，69名，男20名，女49名，平均年齢20歳10ヶ月）の小学生，中学生，高校生，大学生677名であった。

調査内容
①課題
研究1と同一の「社会的慣習」2課題,「道徳」2課題の計4課題であった。課題は「社会的慣習」が1）公園にゴミをちらかす，2）赤信号で渡る，

「道徳」が1）人に砂を投げる，2）人の嫌がることを言う，であった。
②「状況依存性」の正当性判断
　「わけがあれば逸脱行為をしても仕方ないと思いますか」について「わけがあればしてよい」，「わけがあってもいけない」の2件法で回答を求めた。「状況依存性」の正当性判断の質問項目は表6の通りである。
③集団主義尺度
　ヤマグチ・クールマン・スギモリの集団主義尺度（吉田, 2001）14項目の中から，児童が回答し易いと思われる7項目を抽出し，集団主義尺度の質問項目として設定し，「とてもそう思う」「少しそう思う」「どちらともいえない」「あまりそう思わない」「全然そう思わない」の5件法で回答を求めた。集団主義尺度の質問内容は表7，表8の通りである。

3　手続き

表6　「状況依存性」の正当性判断の質問項目

課題	内容
公園にゴミをちらかす	わけがあれば，公園や広場にごみをちらかしてもしかたないと思いますか。どちらかに○をしてください。 （1）わけがあればしてよい （2）わけがあってもいけない
赤信号で渡る	わけがあれば，赤信号でわたってもしかたないと思いますか。どちらかに○をしてください。 （1）わけがあればしてよい （2）わけがあってもいけない
人に砂を投げる	わけがあれば，人に向かって砂を投げてもしかたないと思いますか。どちらかに○をしてください。 （1）わけがあればしてよい （2）わけがあってもいけない
人の嫌がることを言う	わけがあれば，人のいやがることを言ってもしかたないと思いますか。どちらかに○をしてください。 （1）わけがあればしてよい （2）わけがあってもいけない

表7 集団主義尺度の質問内容（小学生用）

内　　容
1) わたしは仲よしグループの友達が「こうしてほしい」と思うように行動するべきだと思う。 　　・とてもそう思う・少しそう思う・どちらともいえない 　　・あまりそう思わない・全然そう思わない
2) わたしは，たくさんの人たちの意見に合わせて，自分の意見を変えることはしない。（＊） 　　・とてもそう思う・少しそう思う・どちらともいえない 　　・あまりそう思わない・全然そう思わない
3) わたしは，仲よしグループで決めたことを大切にする。 　　・とてもそう思う・少しそう思う・どちらともいえない 　　・あまりそう思わない・全然そう思わない
4) わたしは，仲よしグループの友だちと意見を合わせるようにする。 　　・とてもそう思う・少しそう思う・どちらともいえない 　　・あまりそう思わない・全然そう思わない
5) わたしは，仲よしグループの友だちがどう思おうと，自分のやり方でものごとを行う。（＊） 　　・とてもそう思う・少しそう思う・どちらともいえない 　　・あまりそう思わない・全然そう思わない
6) わたしは，仲よしグループの友だちでも，まちがっていると思ったら注意する。（＊） 　　・とてもそう思う・少しそう思う・どちらともいえない 　　・あまりそう思わない・全然そう思わない
7) わたしは，仲よしグループの友だちに認めてもらえなくても，自分の意見を変えない。（＊） 　　・とてもそう思う・少しそう思う・どちらともいえない 　　・あまりそう思わない・全然そう思わない

注：（＊）は逆転項目

表8　集団主義尺度の質問内容（中学生以上用）

内　　　容
1) 友人集団の仲間が望むように行動する必要がある。 　　・とてもそう思う・少しそう思う・どちらともいえない 　　・あまりそう思わない・全然そう思わない
2) 多数の人の意見に合わせて，自分の意見を変えることはない。（＊） 　　・とてもそう思う・少しそう思う・どちらともいえない 　　・あまりそう思わない・全然そう思わない
3) 自分の友人集団の決定を尊重する。 　　・とてもそう思う・少しそう思う・どちらともいえない 　　・あまりそう思わない・全然そう思わない
4) 友人集団の仲間と意見の不一致を生じないようにする。 　　・とてもそう思う・少しそう思う・どちらともいえない 　　・あまりそう思わない・全然そう思わない
5) 友人集団の仲間がどう思おうと，自分のやり方でものごとを行う。（＊） 　　・とてもそう思う・少しそう思う・どちらともいえない 　　・あまりそう思わない・全然そう思わない
6) 自分の友人集団でも，間違っていると思ったらそれを注意する。（＊） 　　・とてもそう思う・少しそう思う・どちらともいえない 　　・あまりそう思わない・全然そう思わない
7) 友人集団の仲間に支持されなくても，自分の意見を変えない。（＊） 　　・とてもそう思う・少しそう思う・どちらともいえない 　　・あまりそう思わない・全然そう思わない

注：（＊）は逆転項目

　集合調査法による調査を行った。小学生と中学生については調査者が課題と質問文を読み上げ，被験者が一斉に回答する形式で行った。なお小学1．2．3年生については，課題の場面を理解しやすいよう図版も示した。高校生と大学生については各自のペースで回答する形式で行った。調査の所要時間は，10分〜30分程度であった。調査時期は，2006年5月であった。

4　結果

「状況依存性」の正当性判断

　逸脱行為に対して「わけがあればしてよい」を1点，「わけがあってもいけない」を0点として各被験者の4課題の個人得点を算出し，年齢段階別，領域別に整理した。表9は，「状況依存性」の正当性判断の平均値と標準偏差を年齢段階別，領域別に示したものである。

　表7にもとづいて，年齢段階（7）×領域（2）の分散分析を行った結果，年齢段階と領域の交互作用効果が有意であった（$F(6,642)=6.06, p<.001$）。「社会的慣習」（$F(6,1284)=15.71, p<.001$），「道徳」（$F(6,1284)=6.26, p<.001$）に年齢段階の単純主効果が見られた。

　Ryan法による多重比較の結果，「社会的慣習」領域においては，6-7歳と8-9歳は，12-13歳，14-16歳，17-18歳，18-25歳よりも低かった（$p<.05$）。18-25歳は6-7歳，8-9歳，10-11歳，12-13歳，14-16歳，17-18歳よりも高かった（$p<.05$）。「状況依存性」の正当性判断は年齢とともに高くなっていた。

　「道徳」領域においては，6-7歳と8-9歳は10-11歳，14-16歳，17-18歳，18-25歳より低かった（$p<.05$）。12-13歳は14-16歳より低かった（$p<.05$）。「道徳」領域における「状況依存性」の正当性判断は，6-7歳から10-11歳にかけて高くなるが，12-13歳では一旦低下し，14-16歳で再び高くなっていた。14-16歳以降は，年齢的な発達は見られなかった。

　領域の単純主効果の検定を行ったところ，12-13歳（$F(6,642)=8.08, p<.01$）と18-25歳（$F(6,642)=41.56, p<.001$）で有意差が見られた。12-13歳と18-25歳では，「社会的慣習」領域よりも「道徳」領域の逸脱行為に対して，「わけがあってもいけない」と判断していた。

　図2は「状況依存性」の正当性判断の年齢段階別得点を示したものである。

第 2 章 「社会的慣習」概念の発達過程に関する実証的研究

表9 「状況依存性」の正当性判断の年齢段階別，領域別平均値と標準偏差

Turielの発達段階と年齢	1段階 6-7歳	2段階 8-9歳	3段階 10-11歳	4段階 12-13歳	5段階 14-16歳	6段階 17-18歳	7段階 18-25歳
「社会的慣習」	0.38	0.33	0.60	0.68	0.84	0.83	1.28
標準偏差	(0.64)	(0.61)	(0.71)	(0.85)	(0.80)	(0.82)	(0.81)
「道　徳」	0.34	0.34	0.68	0.47	0.76	0.76	0.81
標準偏差	(0.58)	(0.68)	(0.89)	(0.68)	(0.80)	(0.82)	(0.78)

注：段階は，Turiel（1983）の「社会的慣習」概念の発達段階を示している。

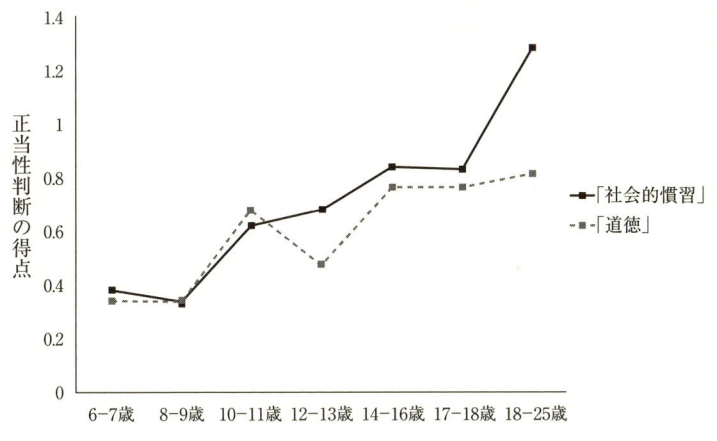

図2　「状況依存性」の正当性判断の年齢段階別得点

集団主義尺度

　年齢段階によって，集団主義的な傾向があるかどうかを検討するために，各年齢段階における集団主義尺度の分析を行った。集団主義尺度については，「とてもそう思う」を5点，「少しそう思う」を4点，「どちらともいえない」を3点，「あまりそう思わない」を2点，「全然そう思わない」を1点として被験者ごとに7項目の平均値を算出し，年齢段階ごとに整理した。表10は集団主義尺度の年齢段階別平均値と標準偏差を示したものである。表10にもとづいて，一要因（年齢段階）の分散分析を行った結果，年齢段

表10　集団主義尺度の年齢段階別平均値と標準偏差

Turielの発達段階と年齢	1段階 6-7歳	2段階 8-9歳	3段階 10-11歳	4段階 12-13歳	5段階 14-16歳	6段階 17-18歳	7段階 18-25歳
平均値	3.09	3.12	3.14	2.87	2.94	3.03	3.09
標準偏差	(0.61)	(0.56)	(0.56)	(0.65)	(0.56)	(0.45)	(0.48)

注：段階は，Turiel（1983）の「社会的慣習」概念の発達段階を示している。

階の主効果が有意であった（F (6,646)=3.28, $p<.01$）。Ryan法を用いた多重比較の結果，12-13歳は8-9歳と10-11歳よりも低かった（$p<.05$）。

「状況依存性」の正当性判断と集団主義尺度との相関

　「状況依存性」の正当性判断と集団主義尺度との関連をみるために，「社会的慣習」領域における「状況依存性」の正当性判断と「集団主義尺度」との相関及び，「道徳」領域における「状況依存性」の正当性判断と「集団主義尺度」との相関をPearsonの相関係数を用いて検討した。その結果，「社会的慣習」領域では，全年齢段階において「状況依存性」の正当性判断と「集団主義尺度」との有意な相関は見られなかった。また，「道徳」領域でも，全年齢段階において「状況依存性」の正当性判断と「集団主義尺度」との有意な相関は見られなかった。

5　考察

　本研究の目的は，「状況依存性」の正当性判断の年齢的発達と集団主義思考との関連を明らかにすることであった。本研究の結果から，以下のことが明らかになった。

「状況依存性」の正当性判断の年齢的発達

　6-7歳と8-9歳では，「社会的慣習」と「道徳」課題のいずれにおいても「状況依存性」の正当性判断に差が見られず，「状況依存性」の正当性判断

が最も低かった。このことから，6-7歳と8-9歳では「状況依存性」は基準判断として用いられていないと考えられる。

　10-11歳では，「社会的慣習」と「道徳」において「状況依存性」の正当性判断に差が見られなかった。しかし，6-7歳や8-9歳と比較すると10-11歳の「状況依存性」の正当性判断は高かった。このことから，「状況依存性」の基準判断から見た場合，10-11歳ではそれ以前の年齢段階に比べ，「社会的慣習」の理解がより明確になると考えられる。「道徳」については，10-11歳ではそれ以前の年齢段階に比べて，「道徳」を「状況依存性」の基準によって判断していることを示している。つまり，普遍的な「道徳」を相対的に捉えているといえる。

　12-13歳では「社会的慣習」よりも「道徳」における「状況依存性」の正当性判断が有意に低かった。このことは，「道徳」をより普遍的なものとして捉えていることを示している。この要因として，12-13歳は「社会的慣習」を否定する年齢段階であることが考えられる（Turiel, 1983）。鈴木（2005）によれば，「道徳」判断が高まる際には「社会的慣習」判断が影響を与えるという。子どもたちが多様な考え方に触れ，これまで普遍的だと思っていた「社会的慣習」が一旦否定されることによって，「道徳」概念の奥に含まれる原理に気づくようになるというのである。12-13歳の時期は小学校から中学校へと進学し，子どもたちを取り巻く学校の環境が大きく変わる時期である。鈴木（2005）の指摘にしたがえば，小学校では学級担任の指導の下，学級のルールや校則などの「社会的慣習」を「道徳」と同様に逸脱してはいけない普遍的なことがらとして捉えていた子どもたちが，中学校に進学し，他校から入学してきた子どもたちや教科担任制で関わる複数の教師たちの多様な考え方に触れ，これまで普遍的だと思っていた校則や学級等のルールが学校や学級に特有な相対的なものであったことに気づくようになる。その際，一時的に「社会的慣習」に対する否定が起こり，それを契機に普遍的な「道徳」原理に目を向けるようになる。その結果，「社会的慣習」の逸脱行為よりも「道徳」の逸脱行為に対して

「どんなときでも逸脱行為をしてはいけない」と判断するようになると考えられる。

　14-16歳では，「社会的慣習」と「道徳」では「状況依存性」の正当性判断に差が見られなかった。しかし，「道徳」において「状況依存性」の正当性判断は，12-13歳よりも高かった。このことから，14-16歳では，それ以前の年齢段階に比べて，普遍的な「道徳」を相対的に捉えるようになるといえる。

　17-18歳では，「社会的慣習」と「道徳」では「状況依存性」の正当性判断に差が見られなかった。また，14-16歳と比べて「状況依存性」の正当性判断の得点にも差が見られなかった。このことから，17-18歳は「社会的慣習」と「道徳」について14-16歳と変化がないと考えられる。

　18-25歳では「社会的慣習」よりも「道徳」における「状況依存性」の正当性判断が有意に低く，「道徳」をより普遍的なものとして捉えていた。この要因としては，この時期に「社会的慣習」と「道徳」との概念区別が明確にできるようになることが考えられる。研究1から，子どもたちは18-25歳頃になると「状況依存性」の基準判断から，本来相対的な「社会的慣習」と普遍的な「道徳」との区別が明確にできるようになることが明らかにされている。したがって，18-25歳頃には「社会的慣習」と「道徳」との概念区別が明確にできているため，「社会的慣習」に対しては「状況依存性」の基準判断から判断するが，「道徳」に対しては「状況依存性」の基準判断に左右されずに判断するようになると考えられる。

　以上のことから，「社会的慣習」の理解は10-11歳で安定するわけではなく，18-25歳で安定するようになることが示された。つまり「社会的慣習」を明確に理解する転換期が2回あることが明らかになった。Turiel（1983）の発達モデルでは，「社会的慣習」概念は肯定と否定のサイクルを繰り返しながら，3回の転換期を経て発達していくとされている。本研究の結果から，日本の子どもにおいても，「社会的慣習」概念の発達において転換期があることが示唆された。また，本研究では明らかにできなかったが，

この転換期と転換期の間に「社会的慣習」への肯定と否定のサイクルが含まれている可能性も考えられる。

　「道徳」における「状況依存性」の正当性判断は，10-11歳で高くなり，12-13歳では再び低くなっていた。そして，14-16歳で再び高くなり，それ以降年齢的な発達は見られなかった。このことは10-11歳と14-16歳ではそれ以前の年齢段階に比べて，「道徳」を「状況依存性」の基準によって判断していることを示している。つまり，普遍的な「道徳」を相対的に捉えていることを示している。「道徳」における「状況依存性」の正当性判断が12-13歳で一旦低くなることから，12-13歳では「道徳」を「状況依存性」の基準に依存せず判断することを示している。しかし，14-16歳で再び高くなることから，12-13歳では安定しないということが分かる。14-16歳以降では年齢的な発達は見られない。このことから「道徳」については14-16歳の年齢段階で判断が安定するようになると考えられる。「道徳」の理解も10-11歳で安定するわけではなく，転換期が2回あることが明らかになった。

　これらのことから，「状況依存性」の発達的特徴は，「社会的慣習」と「道徳」では異なることが明らかになった。

集団主義尺度と「状況依存性」の正当性判断の相関

　集団主義尺度の得点は，12-13歳が8-9歳，10-11歳より有意に低く年齢段階による差が見られた。しかし，「社会的慣習」，「道徳」いずれの領域，いずれの年齢段階においても集団主義尺度と「状況依存性」の正当性判断」との有意な相関関係は見られなかった。本研究によって，「状況依存性」による基準判断の年齢的発達に集団主義思考は影響していないということが明らかになった。

　研究2から，「状況依存性」について以下のことを明らかにすることができた。

　まず第1に「社会的慣習」の理解がより明確になる年齢段階は，10-11歳

と18-25歳であることである。第2に「道徳」の理解が10-11歳と14-16歳で変容し，14-16歳で安定することである。第3に12-13歳と18-25歳では「状況依存性」の基準判断から「社会的慣習」をより相対的なものとして，「道徳」をより普遍的なものとして捉えることである。つまりそれぞれの特徴に応じた判断ができるようになることである。第4に「状況依存性」による基準判断の年齢的発達に集団主義思考は影響していないということである。本研究では「状況依存性」による基準判断の年齢的発達に集団主義思考が影響していると想定したが，予想と異なって影響は見られなかった。したがって，この点については研究3でさらに詳細に検討し，正当性判断の年齢的変容の根拠となる考え方を明らかにする必要があると考えた。

第3節 「状況依存性」の正当性判断の根拠の検討（研究3）

1 目的

　研究3の目的は，「社会的慣習」概念の年齢的変容をより明確にするために，「状況依存性」判断による正当性判断の根拠を明らかにすることであった。そのために研究3では，研究2で用いられた「社会的慣習」領域と「道徳」領域の課題のうち「状況依存性」の正当性判断の年齢的変容と同じ特徴を示した「赤信号で渡る（「社会的慣習」）」と「人のいやがることを言う（「道徳」）」を取り上げた。そして，逸脱行為を許容する理由について6歳から22歳を対象に，領域，年齢段階，及び正当性判断との関連の各側面からの分析を行い，「状況依存性」判断による正当性判断の根拠を検討した。ここで「状況」という点についてであるが，鈴木・森川（2005）は，子どもたちが対人関係を基準とした判断を行うことを指摘している。また中根（1967）も同様に，日本人は道徳的な判断を行う際に，対人関係を優先することを指摘している。したがって，本研究では，状況の中でも

特に対人関係に焦点づけて分析を行った。

2 方法

調査対象者

研究1と同一のH県内の6-7歳（1段階，92名，男45名，女47名，平均年齢7歳3ヶ月），8-9歳（2段階，122名,男65名，女57名，平均年齢8歳11ヶ月），10-11歳（3段階，99名，男49名，女50名，平均年齢10歳11ヶ月）12-13歳（4段階，102名，男46名，女56名，平均年齢12歳9ヶ月），14-16歳（5段階，140名，男62名，女78名，平均年齢15歳6ヶ月），17-18歳（6段階，53名，男31名，女22名，平均年齢17歳8ヶ月），20-22歳（7段階，69名，男20名，女49名，平均年齢20歳10ヶ月）の小学生，中学生，高校生，大学生677名であった。

調査内容

課題は，研究2で用いられた「社会的慣習」と「道徳」の課題のうち，「状況依存性」判断の年齢的変容と同様の特徴を示した2課題を用いた。本研究に用いた課題は「社会的慣習」領域が「赤信号で渡る（交通ルール）」，「道徳」領域が「人の嫌がることを言う（精神的危害）」であった。

「状況依存性」の正当性判断

「状況依存性」の正当性判断については，「わけがあれば逸脱行為をしてもよいと思いますか」について「わけがあればしてよい」「わけがあってもいけない」の2件法で回答を求めた。

逸脱を許容する理由

逸脱行為を許容する理由については，「わけがあれば逸脱行為をしてもよいと思いますか」の質問において「わけがあればしてよい」と回答した者を調査対象とした。

逸脱行為を許容する理由の選択肢については，先行研究（鈴木・森川，2005；中根，1967）と予備調査に基づいて策定した。鈴木・森川（2005）の研究から，8-9歳の子どもが「状況依存性」判断を行う際には，対人関係に基づく判断を行うことが明らかにされている。また，日本人が道徳的な判断において対人関係を優先する傾向があることについては中根も同様の指摘を行っている（中根，1967）。これらのことから，逸脱行為を許容する理由については対人関係に基づく理由を中心に検討することが妥当であると考えた。そこで，予備調査を行い，選択肢の策定を行った。予備調査は，H県内の小学3年生（38名，男19名，女19名，平均年齢8歳7ヶ月）と大学生（121名，男43名，女78名，平均年齢20歳3ヶ月）を対象に行い，逸脱行為を許容する理由の選択肢を検討した。まず，Turiel（1983）の理論に基づいて作成した「道徳」と「社会的慣習」の課題，各20課題のうち，その行為を悪いと判断する「重大性」の回答を得点化し，t検定を用いて差の検定を行った。そして，「道徳」と「社会的慣習」の課題の「重大性」に有意差の見られなかった課題のうち，小学3年生に理解しやすく，かつ重大性の高い2組と重大性の低い2組の，計4課題を抽出した。予備調査に用いた課題は，「社会的慣習」の課題が①大人にらんぼうな言葉づかいをする（重大性：高），②学校の廊下を走る（重大性：低），「道徳」の課題が①人をたたいて泣かす（重大性：高），②人の物をとる（重大性：低），であった。次に，それぞれの課題に対して，「理由があれば逸脱行為をしても仕方ない時がある」と回答した調査対象者に，「その行為が悪いことだとしても，逸脱行為をしても仕方ないと思うのはどんな時か」について自由記述で回答を求めた。そして，その回答をカテゴリー化し，自己，他者，集団の視点を含む，対人関係を中心とした9項目の選択肢を策定した。そして，逸脱行為を許容する際の理由について自己，相手，集団の視点を含む9項目の選択肢と，自由記述により回答を求めた。選択肢は，自己に関するものとして「自己防衛」，「自己利益」，「自己の習慣」，「気分」，他者に関するものとして「報復」，「他者の福祉」，「相手の許容」，集団に関す

るものとして「集団の習慣」,「集団の許容」の計9項目で構成した。回答は複数回答とした。

表11は「赤信号で渡る（社会的慣習）」の質問内容と選択肢，表12は「人のいやがることを言う（道徳）」の質問内容と選択肢である。

3　手続き

集合調査法による調査を行った。小学生と中学生については調査者が課題と質問文を読み上げ，被験者が一斉に回答する形式で行った。なお小学1．2．3年生については，課題の場面を理解しやすいよう図版も示した。高校生と大学生については各自のペースで回答する形式で行った。調査の所要時間は，10分〜30分程度であった。調査時期は2006年5月であった。

4　結果

「状況依存性」の正当性判断

それぞれの課題について「わけがあればしてよい」と回答した調査対象者の割合を「状況依存性」の正当性判断の選択率として算出し，各課題ごとに選択率の年齢差についてχ^2検定とRyan法による多重比較を行った。表13及び図3は，「状況依存性」の正当性判断の領域別，年齢段階別選択率を表したものである。

①「社会的慣習」：赤信号で渡る

年齢段階の差がみられた（$\chi^2(6)=75.92$, $p<.001$）。多重比較の結果，20-22歳は，他のすべての年齢段階の子どもよりも「わけがあれば赤信号で渡ってもよい」と判断していた。また，14-16歳の子どもは6-7歳，8-9歳，10-11歳の子どもよりも「わけがあれば赤信号で渡ってもよい」と判断していた。そして，12-13歳と17-18歳の子どもは，8-9歳の子どもよりも「わけがあれば赤信号で渡ってもよい」と判断していた（$p<.05$）。

表11 「社会的慣習」(赤信号で渡る) の質問内容と選択肢

項　目	内　　容
「状況依存性」の正当性判断	わけがあれば，赤信号でわたってもしかたないと思いますか。どちらかに○をしてください。 (1) わけがあればしてよい　　(2) わけがあってもいけない
理由づけ	(1) とこたえた人だけに聞きます。それは，どんな時ですか。次の中からあてはまるものすべてを選んで，(　)の中に○をしてください。
自己防衛	不審な人から逃げる時。
報　復	しかえしとして，赤信号でわたる時。
自己利益	赤信号で渡ると早く家に帰られる時。
他者の福祉	友だちを助ける時。
自己の習慣	自分が，ふだんから赤信号でわたっている時。
集団の習慣	まわりにいる人たちも，ふだんから赤信号でわたっている時。
相手の許容	警察の人が，迷惑だと思っていない時。
集団の許容	まわりにいる人たちが，迷惑だと思っていない時。
気　分	赤信号でわたりたい気分だった時。
その他	下のわくに，どんな時か書いてください。

表12 「道徳」(人のいやがることを言う) の質問内容と選択肢

項　目	内　　容
「状況依存性」の正当性判断	わけがあれば，人のいやがることを言ってもしかたないと思いますか。どちらかに○をしてください。 (1) わけがあればしてよい　　(2) わけがあってもいけない
理由づけ	(1) とこたえた人だけに聞きます。それは，どんな時ですか。次の中からあてはまるものすべてを選んで，(　)の中に○をしてください。
自己防衛	相手から自分がいやがることを言われそうな時。
報　復	しかえしとして，いやがることを言う時。
自己利益	いやがることを言うと，相手が自分の言うことを聞く時。
他者の福祉	友だちを助けるために言う時。
自己の習慣	自分が，ふだんから人のいやがること言っている時。
集団の習慣	まわりの人たちが，ふだんから人のいやがることを言っている時。
相手の許容	相手が，迷惑だと思っていない時。
集団の許容	まわりの人たちが，迷惑だと思っていない時。
気　分	人のいやがることを言いたい気分だった時。
その他	下のわくに，どんな時か書いてください。

第2章 「社会的慣習」概念の発達過程に関する実証的研究

表13　領域別, 年齢段階別にみた「状況依存性」の正当性判断の選択率（%）

Turielの発達段階と年齢	1段階 6-7歳	2段階 8-9歳	3段階 10-11歳	4段階 12-13歳	5段階 14-16歳	6段階 17-18歳	7段階 20-22歳
「社会的慣習」							
理由があれば赤信号で渡っても仕方ない	26.1	15.4	31.3	38.3	50.7	45.3	72.1
理由があっても渡ってはいけない	73.9	15.5	32.2	17.6	31.4	32.1	29.4
「道　徳」							
理由があれば人が嫌がることを言っても仕方ない	14.1	15.5	32.2	17.6	31.4	32.1	29.4
理由があっても言ってはいけない	85.9	84.5	67.8	82.4	68.6	67.9	70.6

注1：段階は, Turiel（1983）の「社会的慣習」概念の発達段階を示している。
注2：表中の数値は選択率の%を示している。

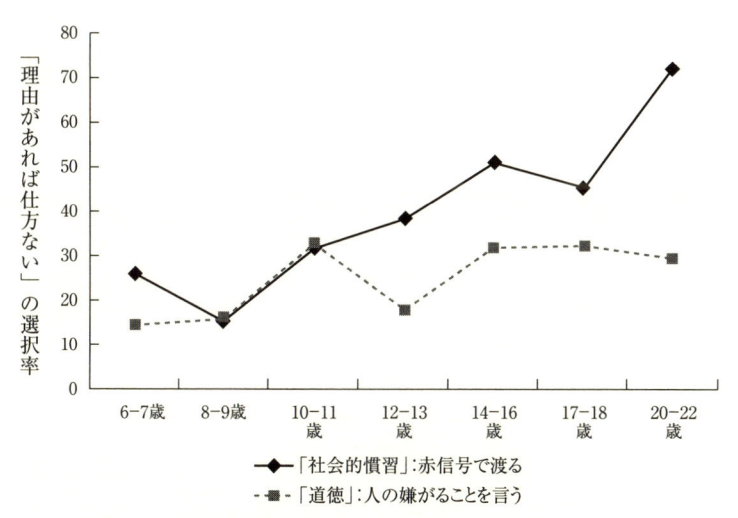

図3　領域別, 年齢段階別にみた「状況依存性」の正当性判断の選択率

45

②「道徳」：人の嫌がることを言う

年齢段階の差がみられた（$\chi^2(6)=21.50$, $p<.01$）。多重比較の結果，10-11歳の子どもは，6-7歳の子どもよりも「わけがあれば人の嫌がることを言ってもよい」と判断していた（$p<.05$）。

本研究の結果から，「社会的慣習」においては，10-11歳頃から20-22歳頃まで「わけがあれば逸脱してもよい」とする判断が加齢とともに増加していくことが明らかになった。それに対し，「道徳」においては10-11歳以降は「状況依存性」の正当性判断が安定し，「たとえわけがあったとしても逸脱してはいけない」とする判断になるといえる。

逸脱行為を許容する理由

「社会的慣習」と「道徳」のそれぞれの課題について，各年齢段階ごとに「わけがあれば逸脱行為をしても仕方ないときがある」と回答した調査対象者数を分母，各理由における選択数を分子として選択率を算出した。理由の選択率をもとに各課題ごと，各年齢段階ごとに整理したものが表12，及び表13である。

①「社会的慣習」：赤信号で渡る

表14は「赤信号で渡る」という逸脱行為を許容する理由の選択率を表したものである。全年齢段階を通して「自己防衛」の選択率が最も高く，次に「他者の福祉」，続いて「集団の許容」や「自己利益」が選択されていた。各年齢段階ごとに理由の選択率について，CochranのQ検定を用いて差の検定を行った結果，6-7歳（$Q(8)=25.04$, $p<.01$），8-9歳（$Q(8)=39.64$, $p<.01$），10-11歳（$Q(8)=124.71$, $p<.01$），12-13歳（$Q(8)=162.37$, $p<.01$），14-16歳（$Q(8)=368.16$, $p<.01$），17-18歳（$Q(8)=99.60$, $p<.01$），20-22歳（$Q(8)=210.99$, $p<.01$）の全年齢段階で有意な差がみられた。Ryan法を用いたMcNemar検定による多重比較の結果，6-7歳では「自己防衛」がそれ以外の理由よりも選択率が高く（$p<.05$），8-9歳と17-18歳では「自己防衛」＞「他者の福祉」＞それ以外の理由の順に選択率が高く（$p<.05$），

10-11歳と12-13歳と14-16歳と20-22歳では「自己防衛」と「他者の福祉」がその他の理由よりも選択率が高かった（$p<.05$）。

次に，「状況依存性」の正当性判断と理由の選択率との関係を明らかにするために，それぞれの理由の選択率に年齢段階の差が見られるか，全理由，全年齢段階を対象にχ^2検定を行った。その結果，いずれの理由についても年齢段階による差は見られなかった。そこで，「状況依存性」の正当性判断の差が見られた「6-7歳と14-16歳と20-22歳」，「8-9歳と14-16歳と20-22歳」，「10-11歳と14-16歳と20-22歳」，「8-9歳と12-13歳と20-22歳」，「8-9歳と17-18歳と20-22歳」の各年齢段階について，逸脱を許容する理由の選択率に差が見られるかχ^2検定を行った。その結果，「6-7歳と14-16歳と20-22歳」においては，「他者の福祉」（$\chi^2 (2)=6.41$, $p<.05$）と「集団の許容」（$\chi^2 (2)=10.00$, $p<.01$）と「自己利益」（$\chi^2 (2)=12.85$, $p<.01$）の選択

表14 「社会的慣習」の逸脱行為を許容する理由の選択率（「社会的慣習」：赤信号で渡る）

Turielの発達段階	n	自己防衛	他者の福祉	集団の許容	自己の利益	集団の習慣	相手の許容	気分	報復	自己の習慣	各年齢段階における理由相互の差（多重比較）
1段階 6-7歳	22	77.3	54.5	18.2	18.2	4.5	9.1	9.1	4.5	4.5	自己防衛＞その他の理由
2段階 8-9歳	20	90.0	50.0	15.0	15.0	10.0	10.0	5.0	0	0	自己防衛＞他者の福祉＞その他の理由
3段階 10-11歳	28	89.3	71.4	3.6	3.6	3.6	7.1	0	0	0	自己防衛，他者の福祉＞その他の理由
4段階 12-13歳	34	94.1	67.6	2.9	2.9	2.9	0	0	0	2.9	自己防衛，他者の福祉＞その他の理由
5段階 14-16歳	70	94.3	81.4	1.4	2.9	1.4	0	0	1.4	0.0	自己防衛，他者の福祉＞その他の理由
6段階 17-18歳	24	95.8	58.3	12.5	4.2	8.3	8.3	8.3	8.3	4.2	自己防衛＞他者の福祉＞その他の理由
7段階 20-22歳	48	93.8	72.9	4.2	0	0	2.1	0	0	0	自己防衛，他者の福祉＞その他の理由

注1：段階は，Turiel（1983）の「社会的慣習」概念の発達段階を示している。
注2：表中の数値は選択率の％を示している。

率に有意な差が見られた。「8-9歳と14-16歳と20-22歳」においても，「他者の福祉」（$\chi^2(2)=8.01$, $p<.05$）と「集団の許容」（$\chi^2(2)=6.90$, $p<.05$）と「自己利益」（$\chi^2(2)=9.34$, $p<.05$）の選択率に有意な差が見られた。また「8-9歳，12-13歳，20-22歳」における「自己利益」（$\chi^2(2)=8.56$, $p<.05$）と「8-9歳，17-18歳，20-22歳」における「自己利益」（$\chi^2(2)=7.64$, $p<.05$）の選択率にも有意な差が見られた。「10-11歳，14-16歳，20-22歳」については，いずれの理由にも有意な差は見られなかった。

　Ryan法を用いて多重比較を行った結果，「自己利益」においては，6-7歳での選択率が14-16歳と20-22歳よりも有意に高く（$p<.05$），8-9歳での選択率が20-22歳より高くなる傾向（$p<.10$）が見られた。「集団の許容」においては，6-7歳での選択率が14-16歳よりも有意に高く（$p<.05$），8-9歳での選択率が14-16歳よりも高くなる傾向（$p<.10$）が見られた。「他者の福祉」においては，14-16歳での選択率が8-9歳よりも有意に高く（$p<.05$），6-7歳よりも高い傾向（$p<.10$）が見られた。

②「道徳」：人の嫌がることを言う

　表15は「人の嫌がることを言う」という逸脱行為を許容する理由の選択率を表したものである。全年齢段階を通して「他者の福祉」の選択率が最も高く，次いで「自己防衛」や「報復」が多く選択されていた。各年齢段階ごと，理由の選択率について，CochranのQ検定を用いて差の検定を行った結果，8-9歳（$Q(8)=38.53$, $p<.01$），10-11歳（$Q(8)=104.28$, $p<.01$），12-13歳（$Q(8)=47.57$, $p<.01$），14-16歳（$Q(8)=149.72$, $p<.01$），17-18歳（$Q(8)=42.64$, $p<.01$），20-22歳（$Q(8)=50.29$, $p<.01$）の6つの年齢段階で有意な差がみられた。Ryan法を用いたMcNemar検定による多重比較の結果，8-9歳では「他者の福祉」の選択率が「気分」，「集団の習慣」，「自己の習慣」，「自己利益」よりも高かった（$p<.05$）。10-11歳では「他者の福祉」の選択率が他の全ての理由よりも高く，「自己防衛」の選択率が「他者の福祉」と「報復」を除く他の理由よりも高かった（$p<.05$）。12-13歳では，「他者の福祉」の選択率が「気分」と「自己の習慣」よりも高く，14-16歳

第2章 「社会的慣習」概念の発達過程に関する実証的研究

表15 「道徳」の逸脱行為を許容する理由の選択率(「道徳」:人の嫌がることを言う)

Turielの発達段階	n	理由 自己防衛	他者の福祉	集団の許容	自己の利益	集団の習慣	相手の許容	気分	報復	自己の習慣	各年齢段階における理由相互の差(多重比較)
1段階 6-7歳	12	25.0	50.0	8.3	25.0	16.7	25.0	0	41.7	0	有意差無し
2段階 8-9歳	20	30.0	60.0	5.0	5.0	15.0	15.0	5.0	40.0	5.0	他者の福祉＞気分、集団の習慣、自己の習慣、自己利益
3段階 10-11歳	32	59.4	71.9	3.1	6.3	9.4	15.6	0	31.3	0	他者の福祉＞それ以外の理由　自己防衛＞他者の福祉と報復以外の理由
4段階 12-13歳	18	38.9	61.1	5.6	5.6	5.6	5.6	0	33.3	0	他者の福祉＞気分、自己の習慣
5段階 14-16歳	44	15.9	77.3	0	0	4.5	9.1	0	31.8	2.3	他者の福祉＞それ以外の理由　報復＞集団の許容、自己利益、気分集団の習慣、自己の習慣
6段階 17-18歳	17	35.3	64.7	5.9	0	11.8	11.8	0	35.3	0	他者福祉＞自己利益、自己の習慣、気分
7段階 20-22歳	19	5.3	57.9	5.3	0	0	5.3	0	26.3	0	他者福祉＞気分、自己利益、自己の習慣、集団の習慣、自己の習慣

注1:段階は、Turiel(1983)の「社会的慣習」概念の発達段階を示している。
注2:表中の数値は選択率の%を示している。

49

では,「他者の福祉」の選択率が他の全ての理由よりも高く,「報復」の選択率が「集団の許容」,「自己利益」,「集団の習慣」,「気分」,「自己の習慣」よりも高かった ($p<.05$)。17-18歳では,「他者の福祉」の選択率が,「自己利益」,「自己の習慣」,「気分」よりも高く ($p<.05$),20-22歳では「他者の福祉」の選択率が「気分」,「自己利益」,「集団の習慣」,「自己の習慣」よりも高かった ($p<.05$)。

次に,「状況依存性」の正当性判断と理由の選択率との関係を明らかにするために,それぞれの理由の選択率に年齢段階の差が見られるか,全理由,全年齢段階を対象に χ^2 検定を行った。その結果,「自己防衛」($\chi^2(6)=23.78$, $p<.001$)の選択率について有意な差が見られた。Ryan法を用いて多重比較を行った結果,10-11歳は14-16歳と20-22歳よりも「自己防衛」の選択率が高かった ($p<.05$)。しかし,全理由,全年齢段階を対象に行った検定では,「状況依存性」の正当性判断に有意差のあった6-7歳と10-11歳における理由の選択率には差が見られなかった。

そこで,「状況依存性」の正当性判断の差が見られた6-7歳と10-11歳について,逸脱を許容する理由の選択率に差が見られるか検定を行った。χ^2 検定の結果,10-11歳は6-7歳よりも「自己防衛」の選択率が高い傾向が見られた ($\chi^2(1)=4.12$, $p<.10$)。

5 考察

本研究の目的は,「状況依存性」判断による正当性判断の根拠を明らかにすることであった。本研究の結果から以下のことが明らかになった。

「状況依存性」の正当性判断の根拠
①「社会的慣習」

「社会的慣習」に対する「状況依存性」の正当性判断には,全年齢段階を通して「自己防衛」が最も影響を与えている。つまり,子どもは「自己防衛」を根拠に,「自分を守るためには『社会的慣習』の逸脱行為をして

も仕方ない」とする判断を行うといえる。

　「社会的慣習」に対する「状況依存性」の正当性判断が高まるとき，つまり逸脱許容が高まる際の理由は，主として「他者の福祉」である。これは14-16歳頃の子どもに多く見られた。井上（1992）によれば，14-16歳頃は対人関係において，友人との親密な関係を求める時期とされている。したがって，特定の友人との親密な関係を強く求めようとする14-16歳頃には，「友だちを助ける時には，社会的ルールを破っても仕方ない」とする判断から「社会的慣習」への逸脱許容が高まるといえる。

　「社会的慣習」に対する逸脱許容が最も高くなる20-22歳頃については，どのような理由から逸脱許容が高まっているのか，本研究から明らかにすることはできなかった。このことから，20-22歳頃の逸脱許容には今回取り上げた理由以外のものが影響を与えている可能性が示唆された。この点の解明については，今後の課題としたい。また，「社会的慣習」における「状況依存性」の正当性判断の根拠として明らかになった「自己防衛」についてであるが，この「自己防衛」の考えは，自己だけに関わるものなのか，それとも他者や集団とも関連するものなのか，本研究では十分に吟味することができなかった。「自己防衛」の中味の検討についても，今後の課題としたい。

②「道徳」

　「道徳」に対する「状況依存性」の正当性判断には，全年齢段階を通して「他者の福祉」が最も影響を与えている。つまり，子どもは「他者の福祉」を根拠に，「他人を助けるためには『道徳』の逸脱行為をしても仕方ない」とする判断を行うといえる。

　「道徳」に対する「状況依存性」の正当性判断が高まるとき，つまり逸脱許容が高まる際の理由は，主として「自己防衛」である。これは，10-11歳頃の子どもに見られた。このことから，10-11歳頃は「自分を守るためには人を傷つけても仕方ない」とする判断から「道徳」への逸脱許容が高まる時期といえる。

以上，研究3の結果から，「社会的慣習」における「状況依存性」の正当性判断の根拠は，主として「自己防衛」であることが明らかになった。そこで，次に，「状況依存性」の正当性判断の根拠となっている「自己防衛」にもとづいた発達モデルを策定した。

第3章 「社会的慣習」概念の発達モデル(研究4)

1 目的

　「社会的慣習」の課題を用いた調査的面接法による調査を行い，行為の善悪判断とその理由づけの年齢的変容を「状況依存性」の基準判断に即して「自己防衛」の視点から分析することにより，日本の子どもの「社会的慣習」概念の発達の段階ごとの様相を明らかにした。研究4の目的は，Turiel (1983) が作成した「社会的慣習」概念の7段階モデルに代わる，日本の子ども独自の「社会的慣習」概念の発達モデルを策定することであった。

2 方法

調査対象者

　調査対象者を選定するために，まず予備調査1を行った。予備調査1は，公立小学校，H大学附属中学校，H市内私立高等学校，H大学の8歳（29名，男16名，女13名，平均年齢8歳9ヶ月），9歳（35名，男15名，女20名，平均年齢9歳5ヶ月），10歳（39名，男11名，女28名，平均年齢10歳5ヶ月），11歳（40名，男16名，女24名，平均年齢11歳5ヶ月），12歳（42名，男20名，女22名，平均年齢12歳7ヶ月），13歳（38名，男21名，女17名，平均年齢13歳6ヶ月），14歳（39名，男17名，女22名，平均年齢14歳5ヶ月），15歳（43名，男21名，女22名，平均年齢15歳5ヶ月），16歳（54名，男23名，女31名，平均年齢16歳6ヶ月），17歳（41名，男20名，女21名，平均年齢17歳5ヶ月），18歳（31名，男12名，女19名，平均年齢18歳4ヶ月），19歳（22名，男17名，女10名，

平均年齢19歳3ヶ月）の児童，生徒，学生計479名を対象に質問紙調査法による調査を行った。「社会的慣習」の5つの課題，①赤信号での横断，②教師をニックネームで呼ぶ，③結婚式にスポーツウエアで参加する，④乗車時の割り込み，⑤乗り物内での携帯電話の使用に対して，各行為の善悪判断と逸脱行為が許されると思う理由について回答を求めた。理由についての選択肢は，研究3で逸脱行為を許容する際の理由として選択された割合の高かった「自己防衛」，「他者の福祉」のふたつと「その他（自由記述）」で構成した。予備調査における5つの課題に対する善悪判断の回答については，「その行為をすることはよくない」を1点，「よい」を0点として，善悪判断の個人得点を算出した。次に，善悪判断の個人得点が5点の高得点群の調査対象者を対象に，5つの課題に対する「状況依存性」得点の合計点を算出した。「状況依存性」得点は，5課題の逸脱行為における，「自己防衛」，「他者の福祉」，「その他」の各状況に対して，「その状況であれば逸脱行為をしてもよい」とする回答を1点，「その状況でもよくない」とする回答を0点としてその合計値を「状況依存性」得点として算出し，各年令段階から「状況依存性」得点の高い順に各4名（男女各2名）の計64名を抽出し，調査対象者とした。善悪判断の個人得点が5点の調査対象者がいない年齢段階においては，善悪判断の個人得点が4点の調査対象者を対象に，5つの課題に対する「状況依存性」得点の合計点を算出し，「状況依存性」得点の高い順に4名（男女各2名）を調査対象者として選定した。

　予備調査1の結果，研究4の調査対象者として，H県内の8歳（男女各2名，平均年齢8歳6ヶ月），9歳（男女各2名，平均年齢9歳3ヶ月），10歳（男女各2名，平均年齢10歳5ヶ月），11歳（男女各2名，平均年齢11歳5ヶ月），12歳（男女各2名，平均年齢12歳2ヶ月），13歳（男女各2名，平均年齢13歳5ヶ月），14歳（男女各2名，平均年齢14歳6ヶ月），15歳（男女各2名，平均年齢15歳5ヶ月），16歳（男女各2名，平均年齢16歳2ヶ月），17歳（男女各2名，平均年齢17歳2ヶ月），18歳（男女各2名，平均年齢18歳1ヶ月），19歳（男女

各2名，平均年齢19歳6ヶ月），20-21歳（男女各2名，平均年齢21歳1ヶ月）の小学生，中学生，高校生，大学生64名を選定した。

調査内容
「社会的慣習」の課題

　研究4で用いる課題を選定するために，予備調査2を行った。予備調査2では，小学3年生（16名，男7名，女9名，平均年齢8歳8ヶ月），小学6年生（20名，男10名，女10名，平均年齢11歳5ヶ月），中学生3年生（40名，男19名，女21名，平均年齢14歳7ヶ月），大学生（9名，男5名，女4名，平均年齢22歳2ヶ月）の計85名を対象に，小学3年生については面接法，小学6年生，中学3年生，大学生については質問紙調査法を用いて調査を行った。予備調査2の課題としては，小学生にも理解しやすい①挨拶された近所の人に挨拶を返さない，②結婚式にスポーツウエアで参加する，③乗車時の割り込み，④乗り物内での携帯電話の使用，⑤映画館に遅刻して入場する，⑥図書館内でお菓子を食べる，の6つの「社会的慣習」の課題を用いた。これら6つの課題に対して，「自己防衛」，「他者の福祉」，「相手の許容」，「集団の許容」の各状況において，「その状況であれば逸脱行為をしてもよい」とする回答を1点，「その状況でもよくない」とする回答を0点として，その合計点を「状況依存性」得点として算出した。そして，「状況依存性」得点の年齢段階の差が少ない上位3課題を抽出し，本調査に用いる課題として策定した。予備調査2で策定した課題は，「結婚式にスポーツウエアで参加する」，「乗車時に割り込をする」，「乗り物内での携帯電話を使用する」である。また，研究3で用いた「赤信号での横断」とTuriel（1983）の研究で用いられた「教師をニックネームで呼ぶ」を小学生に理解しやすい課題として策定した。

　予備調査の結果，研究4では「社会的慣習」の課題として，①赤信号での横断，②教師をニックネームで呼ぶ，③結婚式にスポーツウエアで参加する，④乗車時の割り込み，⑤乗り物内での携帯電話の使用，の5つを用

いることとした。

質問内容

各課題に対する質問内容を策定するために予備調査3を行った。予備調査3は，小学2年生（6名，男3名，女3名，平均年齢8歳4ヶ月），中学生2年生（6名，男3名，女3名，平均年齢14歳1ヶ月），大学生（9名，男5名，女4名，平均年齢22歳8ヶ月）の計21名を対象に面接法による調査を行い，Turiel (1983) が用いた課題をもとに，「社会的慣習」課題に対する「善悪判断」とその理由づけ，及び「状況依存性」判断が用いられる状況とその理由づけについての回答を求めた。「状況依存性」判断が用いられる状況としては，研究3で用いた「自己防衛」，「自己利益」，「自己の習慣」，「報復」，「他者の福祉」，「相手の許容」，「集団の習慣」，「集団の許容」，「気分」及び「その他」を対象者の回答に応じて用いた。

予備調査の結果，研究4では，対象者の回答内容に年齢段階による質的変容の見られた「自己防衛（自分が危害を被りそうな時）」，「他者福祉（友達を助ける時）」，「相手の許容（相手が許している時）」，「集団の習慣（周りの人がしている時）」，「その他（その他その行為が許されると思う時）」を質問内容として策定した。

3　手続き

Turiel (1978, 1983) が行った面接法の手続きに基づいて，論者が調査者として調査的面接法による調査を行った。調査対象者に対して，最初に，この調査が「社会的慣習」への考え方が年齢にとともにどう変化していくかを調べることを目的としていること，調査結果は成績には一切かかわりがなく，本人の回答内容は保護者や教師にも知らせないこと，答えられる限りの範囲で善悪判断や理由づけを声に出して回答することを教示した。その後，調査者が5つの「社会的慣習」の物語を読み，まず，各行為の善悪判断とその理由づけを求めた。その後，調査対象者の回答に応じて，各

表16 「赤信号で渡る」(交通ルール)の課題と質問内容

質問項目	内　　　容
課　題　1	ゆうこさんが通る道には，信号機のある場所があります。ある日，ゆうこさんは，赤信号のときに道路を渡りました。
行為の善悪判断	赤信号のときに道路を渡るのはよいですか。それはなぜですか。
車の不在	車がいなかったら赤でも渡ってもよいですか。それはなぜですか。
自己防衛	ゆうこさんが誰かに追いかけられて逃げている時なら赤で渡ってもよいですか。それはなぜですか。
他者の福祉	友達を助けるためなら赤でも渡ってもよいですか。それはなぜですか。
集団の習慣	周りの人も渡っていたら渡ってもよいですか。それはなぜですか。
その他	その他に赤で渡ってもよい時がありますか。それはなぜですか。

表17 「先生をニックネームで呼ぶ」(呼称)の課題と質問内容

質問項目	内　　　容
課　題　2	ゆきさんは，学校で先生のことを「山田先生」と呼ばないで「山ちゃん」というニックネームで呼びました。
行為の善悪判断	先生をニックネームで呼んでよいですか。それはなぜですか。
相手の許容	先生が気にしてなかったらよいですか。それはなぜですか。
自己防衛	ゆきさんがニックネームで呼ばないと，誰かにいじめられそうな時なら呼んでもよいですか。それはなぜですか。
他者の福祉	友達に頼まれた時なら，ニックネームで呼んでもよいですか。それはなぜですか。
集団の習慣	周りの人もニックネームで呼んでいたらよいですか。それはなぜですか。
その他	その他に先生をニックネームで呼んでよい時がありますか。それはなぜですか。

表18 「結婚式にスポーツウエアで参加する」（服装）の課題と質問内容

質問項目	内　　　容
課　題　3	ある日，こうじくんは知り合いの結婚式に呼ばれました。こうじくんは，スポーツウエアで結婚式に参加しました。
行為の善悪判断	スポーツウエアで結婚式に行くのはよいですか。それはなぜですか。
相手の許容	新郎・新婦が気にしてなかったらよいですか。それはなぜですか。
自己防衛	スポーツウエアで行かないとこうじくんが誰かにいじめられそうな時なら着ていってもよいですか。それはなぜですか。
他者の福祉	友達に頼まれた時なら，着て行ってもよいですか。それはなぜですか。
集団の習慣	周りの人もスポーツウエアを着ていたら，着てもよいですか。それはなぜですか。
その他	その他にスポーツウエアを着て行ってよい時がありますか。それはなぜですか。

表19 「乗車時の割り込み」（公衆マナー）の課題と質問内容

質問項目	内　　　容
課　題　4	ある日さゆりさんが駅に行くと，電車を待っている人たちが並んでいました。電車が来た時，さゆりさんはみんなが並んでいる列に割り込んで，順番をぬかしました。
行為の善悪判断	みんなが並んでいる列に割り込むのはよいですか。それはなぜですか。
相手の許容	割り込まれた人たちが気にしてなかったらよいですか。それはなぜですか。
自己防衛	割り込まないとさゆりさんが誰かにいじめられそうな時なら割り込んでもよいですか。それはなぜですか。
他者の福祉	友達のためなら，割り込んでもよいですか。それはなぜですか。
集団の習慣	周りの人も割り込みをしていたら割り込んでよいですか。それはなぜですか。
その他	その他に割り込みをしてよい時がありますか。それはなぜですか。

第3章 「社会的慣習」概念の発達モデル（研究4）

表20 「乗り物内での携帯電話の使用」（公衆マナー）の課題と質問内容

質問項目	内　　容
課　題　5	ある日，あい子さんは，バスに乗りました。そして，バスの中で携帯電話を使って長話をしました。
行為の善悪判断	バスの中で携帯電話を使って長話をするのはよいですか。それはなぜですか。
相手の許容	近くの席の人が気にしてなかったらよいですか。それはなぜですか。
自己防衛	携帯電話で話をしないとあい子さんが，誰かにいじめられそうな時なら長話をしてもよいですか。それはなぜですか。
他者の福祉	友達に頼まれた時なら，携帯電話で長話をしてもよいですか。それはなぜですか。
集団の習慣	周りの人も電話をしていたら，長話をしてもよいですか。それはなぜですか。
その他	その他にバスの中で携帯電話をしてもよい時がありますか。それはなぜですか。

逸脱行為が許される状況と理由づけについて，「自己防衛」，「他者の福祉」，「相手の許容」，「集団の習慣」と「その他（その行為が許されると思う他の状況）」について回答を求めた。調査の所要時間は30分〜60分程度であった。調査時期は2007年7月〜10月であった。5つの課題と質問内容は，表16〜表20の通りである。

4　結果と考察

分類基準の設定と発達モデルの作成

まず，Turiel（1983）の発達モデル及び予備調査4に基づいて，「社会的慣習」概念の発達段階の分類基準を事前に作成した。予備調査4では，小学2年生（6名，男3名，女3名，平均年齢8歳4ヶ月），中学生2年生（6名，男3名，女3名，平均年齢14歳1ヶ月），大学生（9名，男5名，女4名，平均年齢22歳8ヶ月）の計18名を対象に面接法による調査を行い，Turiel（1983）が用

いた5つの「社会的慣習」課題に対する善悪判断と理由づけ及びその行為が許される状況とその理由づけについての回答を求めた。調査対象者の回答のうち年齢的な変容の見られた回答をカテゴリー化し，それらに基づいて発達段階の分類基準を作成した。分類基準は表21の通りである。

表21 「社会的慣習」概念の発達段階の分類基準

段階	「社会的慣習」に対する考え方の特徴
a)	自己の利害に関わる視点から「社会的慣習」を肯定する段階
b)	他者の直接的な反応によって「社会的慣習」を否定する段階
c)	他者の直接的反応にとらわれず，礼儀，常識として「社会的慣習」を肯定する段階
d)	周囲の人たちの意見や考え方に合わせて「社会的慣習」を否定する段階
e)	周囲の人たちの考え方や反応にとらわれず，社会システムや社会的な立場から「社会的慣習」を肯定する段階

次に，調査対象者の回答のうち「自己防衛」の視点から特徴的に見られる回答例を抽出し，事前に作成した基準に基づいて発達段階の分類を行った。回答例の分類は，論者を含む2名の評定者が独立して行った。分類の一致率は87.8％であった。不一致だった回答は除き，一致した回答のみを各年齢段階の特徴的な回答例として示した。

5 日本の子どもの「社会的慣習」概念の発達段階における各段階の特徴

第1段階：自己の利害を守るものとして「社会的慣習」を肯定する段階(～8歳)

第1段階は，まだ他者の視点に立つことはできず，自己の視点から「社会的慣習」を捉える段階である。そのため，この段階の子どもは「社会的慣習」を社会的相互作用の統合または社会システムの一部として捉えることはできていない。そして，「自分だけスポーツウエアなら途中から（自

第3章 「社会的慣習」概念の発達モデル（研究4）

分が）恥ずかしくなる」，「ニックネームで呼ぶと先生が（自分と）遊んでくれなくなるかもしれない」，「スポーツウエアで行って困るのは自分だから」のように「社会的慣習」にしたがうことが自己への直接的な被害を回避すると考え，自己を守るために「社会的慣習」を肯定する。以下に例を示す。

〈第1段階の特徴的な回答例〉
○自分だけスポーツウエアなら途中から（自分が）恥ずかしくなる。
○ニックネームで呼ぶと先生が（自分と）遊んでくれなくなるかもしれない。
○スポーツウエアで行くと（周りの人に）やめてくださいって言われて（自分が）いやな気持ちになる。
○スポーツウエアで行って困るのは自分だから。
○（赤信号で渡ると自分が）事故にあって大けがをする。

A児（8歳5ヶ月，女）
　（スポーツウエアで結婚式に行くのはよいですか——）悪い。もし自分だけスポーツウエアだったら途中から恥ずかしくなると思うから。（花嫁さんや花婿さんが気にしてなかったらよい——）新郎さんたちが途中で嫌な気持ちになるかもしれないし，その人達の家族とかに何か言われたらこうじくんも嫌な気持ちになるから。（ゆきさんは先生を「山ちゃん」とニックネームで呼んでよいですか——）悪い。（どうして——）先生は自分たちに勉強を教えたり遊んだりしてくれたり注意してくれたりする人で友達じゃないから。（先生が気にしてなかったら——）ダメ。もしその先生がいいって言っても時々嫌だなって思ったらダメだから。先生が遊んでくれなくなるかもしれないから。

　（赤信号のときに道路を渡るのはよいですか——）悪い。（どうして——）もし赤信号で渡って車が通ったら事故にあって大けがをするから。（じゃあ。誰か不審な人とかに追いかけられて逃げている時ならよい——）ダメ。誘拐されるかもしれないけど，赤信号で渡ったら事故にあうかもしれないか

ら。

B児（8歳5ヶ月，男）
　（バスの中で携帯電話を使って長話をするのはよいですか――）よくない。（どうして――）電話で話してうるさかったら周りの人に迷惑だし，やめてくださいって言われて嫌な気持ちになるから。
　（赤信号のときに道路を渡るのはよいですか――）よくない。（どうして――）車にひかれたりするから。（車がなくてひかれそうになかったら――車がきていない時があるよね，だったらひかれる心配がないけどいい――）ダメ。交通ルールの決まりだから。（じゃあ交通ルールが無かったら――）無くても渡ったらいけないと思う。（ルールが無いのに渡っちゃいけないと思ったのはどうして――）車が飛び出してきて事故にあいそうな気がする。

C児（8歳8ヶ月，女）
　（スポーツウエアで結婚式に行くのはよいですか――）よくない。結婚式の思い出を作ったほうがいい。いつもの普段着ではなく，きちんと服装を整えたほうがいい。（どうして整えた方がよい――）結婚式はだらしなく行くより，綺麗な服を着てお祝いしたほうがいいから。（花嫁さんや花婿さんが気にしてなかったらいい――）彼らの知り合いに厳しい人がいて，後で言われるかもしれない。すると，結局困るのは自分だから。（スポーツウエアを着ないと，いじわるをされそうならよいですか――）よくない。理由を聞いて，自分はおしゃれな服で行きたいと言う。スポーツウエアで行って困るのは自分だから。

第2段階：自己の利害を守るものとしての「社会的慣習」を否定する段階（8～9歳）

　第2段階は，自己の利害を守るものとしての「社会的慣習」を否定する段階である。第1段階の子どもは自己の視点から「社会的慣習」を捉えるが，第2段階の子どもは，視点が自己から他者へと向かう。守らなければならないのは自己の利害だけではないことから，他者の反応を意識するようになる。しかし，まだ抽象的，客観的な思考が十分にできず，他者の考え方を深く推察することはできないため，「先生がいいって言うならいい」，

第3章 「社会的慣習」概念の発達モデル（研究4）

「友達に頼まれたから」，「花嫁さんや花婿さんが気にしてなかったらいい」のように他者の直接的な反応を基準とした判断を行う。自己の利害を守るものとしての「社会的慣習」にしたがうよりも，他者の直接的な反応にしたがう方がよいことと考え「社会的慣習」を否定する。この段階の子どもは，「社会的慣習」を社会的相互作用の統合または社会システムの一部として捉えることはできていない。以下に例を示す。

〈第2段階の特徴的な回答例〉
○先生がいいって言うならいい。
○友達に頼まれたから。
○他の人も呼んでいるから。
○花嫁さんや花婿さんが気にしてなかったらいい。
○友達にお願いされたら友達も一緒にスポーツウエアで来るから。

　　D児（8歳8ヶ月，男）
　　　（ゆきさんは先生を「山ちゃん」とニックネームで呼んでよいですか──）先生がいいって言ったらいいと思う。（どうして──）先生がいいなら別にいいと思う。（友達に頼まれて呼ぶのは──）いい。（どうして──）友達に頼まれたから。（友達じゃない人に頼まれたら──）同じ。（どうして友達とそうでない人が同じ──）頼まれたんならいいと思うから。（周りの人が先生のことをニックネームで呼んでたら──）いい。（どうして──）他の人も呼んでるから。

　　E児（9歳1ヶ月，女）
　　　（ゆきさんは先生をニックネームで呼んでよいですか──）悪い。（どうして──）先生だからちゃんと先生って呼んだ方がいいから。（先生が気にしてなかったら呼んでもよい──）いい。（どうして──）先生が気にしてなかったらいいと思うから。（ニックネームで呼ばないといじめられそうだったら──）しょうがない。（どうして──）いじめられるなら，まだ呼んだ方がいいから。（友達に頼まれて呼ぶのは──）いい。（どうして──）友達が頼んだならいいと思う。

F児（9歳3ヶ月，男）
　（スポーツウエアで結婚式に行くのはよいですか――）悪い。格好いいけど呼ばれたらちゃんとした服でいかなきゃいけないから。皆がちゃんとしててこうじくんがそんなだったら一人だけ違う服で，来てる人達に変に思われそうだから。（花嫁さん・花婿さんが気にしてなかったら――）だったらいい。気にしてなかったらいい。（スポーツウエアで行かないといじめられそうだったら――）いい。（どうして――）いじめられないですむから。（友達に一緒に着ていこうとお願いされたら――）いい。友達にお願いされたら友達も一緒にスポーツウエアで来るから。

G児（9歳1ヶ月，女）
　（ゆきさんは先生をニックネームで呼んでよいですか。）悪い。休憩時間ならいいけど授業中はダメ。（どうして授業中はダメなの――）授業は勉強だから先生って呼ぶのが正しい。（先生が気にしてなかったら呼んでもいい――）いい。（どうして――）先生が嫌だって言うならダメだけど先生がいいって言うならいいと思う。（周りの人が先生のことをニックネームで呼んでたら――）先生が嫌そうじゃなかったらいいと思う。嫌だったらダメ。
　（スポーツウエアで結婚式に行くのはよいですか――）悪い。（どうして――）せっかく呼ばれたんだからちゃんとした服装で行ったほうがいいと思う。（花嫁さん・花婿さんが気にしてなかったら――）直接言われたらいいけど言われなかったらよくない。（他の人たちもスポーツウエアだったら――）お嫁さんたちがいいって言うならいいけど，ダメだったらダメ。

第3段階：形式的な礼儀やマナーとしての「社会的慣習」を肯定する段階（社会のシステムへの概念化の始まり）（10～11歳）

　第3段階は，社会のシステムへの概念化が始まる段階である。この段階の子どもは他者意識が明確になり始め，他者の反応を社会にとって必要なものと考えるようになる。自己も他者も守るものとして礼儀やマナーがあると考え，「社会的慣習」を肯定する。しかし，「式にはスーツで行くものだから」，「先生だから礼儀正しくしなくちゃいけない」，「電車というのは

きちんと並ぶことになっている」等の回答例のように，礼儀やマナーの捉え方はまだ形式的であり，礼儀やマナーとしての「社会的慣習」を，社会秩序を維持したり社会的相互作用を円滑にしたりするために必要なものとして捉えるまでには至っていない。以下に例を示す。

〈第3段階の特徴的な回答例〉
○式にはスーツで行くものだから。
○先生だから礼儀正しくしなくちゃいけない。
○バスの中の常識だから。
○決まりがなくても迷惑だから。
○電車というのはきちんと並ぶことになっている。

  H児（10歳2ヶ月，女）
   （スポーツウエアで結婚式に行くのはよいですか——）悪い。（どうして——）新郎新婦のめでたい式でウエアが汚れたりしてたらダメだし，一人だけウエアだと相手にも悪いし自分も何か言われそうだから。（他の人に頼まれたら——）式にはスーツで行くものだからダメ。（周りの人たちがスポーツウエアだったら——）ダメ。他の人がスポーツウエアでも自分は礼儀正しく晴れ舞台を見送ったほうがいいから。

  I男（10歳3ヶ月，男）
   （スポーツウエアで結婚式に行くのはよいですか——）悪い。（どうして——）祝い事なのにそんな服は着ていっちゃいけない。スーツとかならいい。（花嫁さん・花婿さんが気にしてなかったら——）だめ。（どうして——）周りの人たちが嫌かもしれないから。（スポーツウエアで行かないといじめられそうだったら——）意地悪する人が悪い。（友達に頼まれたら——）よくない。（友達じゃない人に頼まれたら——）式にはスーツで行くものだからダメ。

  J女（10歳6ヶ月，女）
   （ゆきさんは先生をニックネームで呼んでよいですか——）悪い。（どうして——）先生は目上の人だから礼儀正しくしたほうがいい。（先生が気に

してなかったら――）それでもちゃんとした言葉遣いにしたほうがいいと思う。

K男（10歳8ヶ月，男）
　（バスの中で携帯電話を使って長話をするのはよいですか――）悪い。近くの人に声が聞こえるし，長話だと長い間うるさい思いをさせるから。（電話しなかったらこの人が意地悪されそうだったら――）ダメ。運転手さんに頼んで降りて外で電話すればいいから。（あい子さんの周りの人たちも携帯で話してたら話してもよい――）それでもダメ。（どうして――）その人にも迷惑がかかるし周りの人にも迷惑かかるから。バスの中の常識だから，ちゃんとルールは守らなきゃいけないと思う。

L女（11歳2ヶ月，女）
　（バスの中で携帯電話を使って長話をするのはよいですか――）よくない。バスの中には色んな人がいるし，携帯電話で長話したらうるさくて迷惑になるから。（近くの席の人が気にしてなかったら――）気にしてなくてもバスの中では決まりがあるから守ったほうがいい。（決まりが全然なかったら――）決まりがなくても迷惑だから。（電話しないと意地悪されそうだったら――）だめ。後で言えばいいから。（友達の大切な相談に乗ってあげるためなら――）やっぱり迷惑になるから。

M男（11歳5ヶ月，男）
　（スポーツウエアで結婚式に参加するのはよいですか――）礼儀としての服もあると思うので，あるのに着ていかないのはよくない。（花嫁や花婿が気にしていなかったらどう――）結婚式は親族の方も来るので，大人だったら礼儀のある服で行った方がいい。
　（みんなが並んでいる列に割り込むのはよいですか――）よくない。（どうして――）明らかに並んでいるところに割り込むのはマナー違反。（そのマナーというのはどういうこと――）電車というのはきちんと並ぶことになっている。

第4段階：相手の気持ちや周囲の考えに配慮することを重視し始め，形式的な礼儀やマナーとしての「社会的慣習」を否定する段階（12〜18歳）

4-(a) 段階：自己や親密な他者の利害に直接関係しない「社会的慣習」を形式的な礼儀やマナーとして捉え否定する段階（4-(a) 段階）（12-15歳頃）

4-(b) 段階：「社会的慣習」を社会的立場や公共性等の視点から礼儀やマナーとして捉えるが，相手の気持ちや周囲の考えに配慮することをより重視し「社会的慣習」を否定する段階（16-18歳頃）

第4段階は，形式的な礼儀やマナーよりも，他者の気持ちに配慮することが社会的に重要だと考え，形式的な礼儀やマナーとしての「社会的慣習」を否定する段階である。抽象的な思考が進むこの段階では，「みんなが呼んでいるのであればOKしているのと同じ」，「相手の気持ちを優先する」，「受け止めているし，反発せずに対応しているのなら別にいい」等の回答例のように，他者の言動から他者の考えや場の雰囲気を推察し，それらに配慮することが本当の礼儀やマナーであり，他者との良好な関係を保つことにつながると考える。さらに，この第4段階は自己や親密な他者の利害に直接関係しない「社会的慣習」を形式的な礼儀やマナーとして捉え否定する4-(a) 段階（12-15歳頃）と，「社会的慣習」を社会的立場や公共性等の視点から礼儀やマナーとして捉えるが，相手の気持ちや周囲の考えに配慮することをより重視し「社会的慣習」を否定する段階（16-18歳頃）の2段階に分かれる。以下に例を示す。

〈第4段階の特徴的な回答例〉
○皆が呼んでいる時点で山田先生もいやじゃないと思うから。
○よくなかったら言うと思うし，みんなが呼んでいるのであればOKしているのと同じ。
○相手の気持ちを優先する。

○受け止めているし，反発せずに対応しているのなら別にいい。
○自分ひとりが止まってたらおかしいので。
○その場の雰囲気で盛り上がりそうというか楽しくしてそうな雰囲気がするので，まあそこは一緒に呼ぼうみたいな。

4-(a) 段階：「社会的慣習」を自己や他者に関わる形式的な礼儀やマナーと捉え否定する段階（12-15歳頃）

N男（12歳3ヶ月，男）第4段階の特徴的な回答例
（ゆきさんは先生を「山ちゃん」とニックネームで呼んでよいですか――）悪い。（どうして――）先生をあだ名みたいな感じで呼ぶと他の人が先生って呼んでるのに雰囲気が壊れそうな気がする。（先生が気にしてなかったら――）呼んでもいいと思う。（どうして――）皆が呼んでると思うから。（周りの人が先生のことをニックネームで呼んでたら――）それはいいと思う。（どうして――）皆が呼んでいる時点で先生も嫌じゃないと思うから。

O男（13歳5ヶ月，男）
（ゆきさんは先生を「山ちゃん」とニックネームで呼んでよいですか――）よくない。目上の人で，自分より偉い人をニックネームで呼ぶのは……怒られるから。（怒られるからよくないの――）自分でもよくないと思う。（どうして――）目上の人で，自分より偉い人には敬語とか使ったほうがいい。（先生が気にしてなかったら――）他の人は――（他の人も呼んでたらいい――）いい。みんな呼んでるってことは広まっているから。（でも，みんな呼んでても，目上の人だよね。みんなが呼んでたらいい――）本人が認めていたらいい。（呼ばないと意地悪されそうなときは――）それはいい。先生が認めてて，周りのみんなが呼んでいたらいい。

P女（13歳5ヶ月，女）
（ゆきさんは先生を「山ちゃん」とニックネームで呼んでよいですか――）い いと思う。（どうして――）先生がいいと思っているならいい。（周りの人たちが呼んでたら――）いいと思う。（どうして――）周りが呼んでいるということは，先生もわかっていることだから。よくなかったら言うと

思うし，みんなが呼んでいるのであればOKしているのと同じ。

Q女（14歳5ヶ月，女）
　（ゆきさんは先生を「山ちゃん」とニックネームで呼んでよいですか──）先生がちゃんと受け止めているのならいいけど，不満をもっているのならだめ。（先生次第っていうこと──どうして──）相手の気持ちを優先する。（先生が気にしてなかったらどうしていいの──）受け止めているし，反発せずに対応しているのなら別にいい。（呼ばないと誰かから意地悪されそうな時は──）言うべき。（どうして──）自分がかわいいから。自分を守りたい。（友達に頼まれて呼ぶときは──）言う。友達に嫌われたくないから。ケンカしたくないから。ややこしいことを抱えたくないから。

R女（15歳6ヶ月，女）
　（みんなが並んでいる列に割り込むのはよいですか──）だめ。やっぱり長い時間かけて並んでた人達に失礼かなって思う。（周りの人たちが気にしてなかったら──）それならいいかなって思う。割り込みしても特に気にしてないようだったらいいかなって思う。（他の人たちがわりこみしてたら──）時と場合による。急いでるときならまあいいかなって思う。（どうして──）いいかなってほど賛成じゃないけど，会社に遅刻しそうな時とかだといいかなって思う。何にもないならダメだと思う。（どうしてさゆりさんは他の人達が割り込みしてたら割り込みしてもいいと思った──）あんまり深く考えてないけど，遅刻しそうな時とかすごく急いでいるときならいいかなって思った。誰もやってないとやりにくそうだけど，皆がやってたら注目されないからやってもいいかなって思う。

4-(b) 段階：「社会的慣習」を社会的立場や公共性等の視点から礼儀やマナーとして捉えるが，相手の気持ちや周囲の考えに配慮することをより重視し「社会的慣習」を否定する段階（16-18歳頃）

S女（16歳2ヶ月，女）
　（バスの中で携帯電話を使って長話をするのはよいですか──）よくない。（どうして──）公共の場だから。大勢の人が使う場なので迷惑だから。（隣の席の人が気にしていなかったら──）　仕方ない。迷惑がかかってい

ないならよい。(電話しないと自分が意地悪をされそうだったらよいですか——)仕方ない。電話の方が先。危害が加わるくらいなら，小さい声で話す。(周りの人も携帯電話で話していたらどう——)よい。みんなしているなら大丈夫かなと思う。みんなしているなら迷惑じゃないのかなと思う。

T男（17歳2ヶ月，男）
　(ゆきさんは先生を「山ちゃん」とニックネームで呼んでよいですか——)よくない。(どうして——)先生と生徒は教える側と教わる側なので，生徒は先生に対して尊敬の念を持たないといけないし，それからタメ語とかにもなったりする。(周りの人たちも山田先生のことを山ちゃんって呼んでいたらどう——)それがわからない。みんなが呼んでいるときは，山ちゃんと呼ぶことが山田先生と呼ぶようなことと一緒になってしまう。そういう時は流されてしまうかなと思う。やっぱり一人だけ違うとおかしな感じがするし。違和感がある。

U女（17歳4ヶ月，女）
　(赤信号のときに道路を渡るのはよいですか——)よくないです。(どうして——)法律で決められていることだし，決められたことは守らないとけないから。(周りの人も渡っている時はゆう子さんは渡ってもいいと思う——)商店街とかだったらいいと思う。人がたくさんいて車が少なかったらいいと思う。(どうして——)流れにのっていいかなって思う。(それはどういう意味——)たとえば信号がいつもついてないところで，そこがたまについててその信号は普段みんな気づいてなくて渡ってて，自分ひとりが止まってたらおかしいので。

V女（18歳1ヶ月，女）
　(スポーツウエアで結婚式に行くのはよいですか——)悪い。(どうして——)やっぱり常識はずれというか。(結婚式場)はちょっと大勢いるわけだから。あだ名のときとは違う。やっぱり幅広いじゃないですか。結婚式は友だちとか親とか歳が幅広いし，社会知っている人が多いし，ニックネームとかは学校じゃないですか，一番上って言っても六年生ぐらいだからそこはやっぱり違う。(結婚式に来てるほかの人もスポーツウェアだったらどう——)それだったら着ていくと思う。(それはどうして——)楽しそう

にやってそうな感じがするし雰囲気壊すような感じじゃなくて，楽しく結婚式やればいいんじゃないかなって。
　　(ゆきさんは先生を「山ちゃん」とニックネームで呼んでよいですか——)どっちかと言ったらいけないと思うんだけど。目上の方だし，先生だから友達じゃないよっていうのはあります。大人っていう感じがあるので，マナーみたいな感じでそれが当たり前よっていうふうに教わってきたので。(山田先生自身が気にしてなかったら——)先生が気にしてなかったらいいと思うんだけど山田先生以外の先生になんとかちゃんとかはいけないと思います。(それはどうして——)人によって考え方も違うから。(友だちのために，友だちに「一緒に呼んで」みたいな感じで言われたときはどうだろう——)言うかな。その場の雰囲気で盛り上がりそうというか楽しくしてそうな雰囲気がするのでまあそこは一緒に呼ぼうみたいな。

第5段階：相手の気持ちや周囲の考えにとらわれることなく社会秩序を維持し，人との関係やコミュニケーションを円滑にするものとして「社会的慣習」を肯定する段階（18歳〜21歳）

　第5段階は，自己も他者も守ることを社会秩序の維持として捉え，社会秩序を維持し，人とのコミュニケーションを円滑にするものとして「社会的慣習」を肯定する。この段階は「社会的慣習」を社会システムの重要な要素として捉える。そして，「一番は秩序を保つため」「最低限のマナーを守っていくことで，調和を求めていくことができる」「人とのコミュニケーションの中で，礼儀をわきまえたりそういう言葉遣いをすることによって安定する」等の回答例のように，「社会的慣習」は，社会秩序を維持し，人との関係やコミュニケーションを円滑にするために必要な社会的な基準であると考える。以下に例を示す。

〈第5段階の特徴的な回答例〉
○一人一人が勝手なことをしたら，絶対社会は成り立っていかない。
○最低限のマナーを守っていくことで，調和を求めていくことができる。
○人とのコミュニケーションの中で，礼儀をわきまえたりそういう言葉遣

いをすることによって安定する。
○一番は秩序を保つため。
○自分のしたいことをみんなが優先していたらお互いにいがみ合うことになる。それを防ぐため。

W男（18歳1ヶ月，男）
　（ゆきさんは先生を「山ちゃん」とニックネームで呼んでよいですか──）悪い。（どうして──）個人的にたまに使うのはいいけど授業中とか人前で使うのはあまりよくないから。（先生が気にしてなかったら──）あんまりよくない。そういうのって相手が良くても学校っていう場だったら先生と生徒という関係でちゃんと呼んだ方がいいと思う。（ニックネームで呼ばないといじめられそうだったら──）いけないと思う。もしそういう場合だったら言ってる人に注意すると思う。（友達に頼まれて呼ぶのは──）よくない。止めろって注意する。（どうして──）そういう風に呼んだらみんなも真似して，先生を尊敬してない感じになるから。（周りの人が先生のことをニックネームで呼んでたら──）よくない。立場的に先生と生徒というのはちゃんとしたほうがいい。

X女（19歳5ヶ月，女）
　（バスの中で携帯電話を使って長話をするのはよいですか──）悪い。（どうして──）すごい迷惑。バスは，公共の乗り物なので。自分ひとりの自家用車じゃないので，周りのことも考えて，使っちゃいけない。（近くの席のひとが気にしてなかったら?）それでも良くない。マナーだし，多分バスに書いてあるから。携帯電話のご使用はやめてくださいとか，放送があるから。やめたほうが良い。（バスにそういう放送や張り紙がなかったらよい?）それでも，バスは公共のものだし，みんなが同じに使うものだからよくない。周りが気にしていなくても，そういう場では控えるべき。（マナーを守ることはなんで大事だと思う?）自分は一人で生きているわけじゃないから，一人一人が勝手なことをしたら，絶対社会は成り立っていかない。最低限のマナーを守っていくことで，調和を求めていくことができる。一人が勝手な行動をすると，みんなしたがる。みんな守っているから，自分も守ろうと思う。一人で生きているわけじゃないから，守ろうと思う。

第3章 「社会的慣習」概念の発達モデル（研究4）

Y男（20歳10ヶ月，男）

　（スポーツウエアで結婚式に行くのはよいですか——）悪い。（どうして——）婚礼の儀式のルールはよく知らないですけど，スポーツウェアは場違いなので，それは避けるべき。結婚式というそういう場に出るには，合った服装とか身だしなみをしないと。基本的なことはしっかりすべき。（花嫁や花婿が気にしていなかったら，よいと思う?）気にしてなくても，まずいと思う。さっきと同じ理由で。（スポーツウェアを着ないと，危害を加えられそうだったら，よい?）自分だったら，いじめられてもある程度自分で対処できる。避けようと思えば色々できる。式典には礼服というのが，決まりといえば決まりなので。恥ずかしくない格好で行くべき。（決まりっていうのはどういうこと?）式典というのは習慣とか，礼儀のほうに入る。それを妥協するのは礼儀作法とか，そういうのは悪いと思う。（なんで悪いと思う?）自分の中で礼儀を正せるというのは，人とのコミュニケーションの中である程度大切。自分の言いたいこと言ってたら，ぐちゃぐちゃになってしまう。そこで，礼儀をわきまえたり，そういう言葉遣いをすることによって，安定する。これはみんなが社会で生きていくためには大切。だから，礼儀は必要。

Z女（21歳1ヶ月，女）

　（ゆきさんは先生を「山ちゃん」とニックネームで呼んでよいですか——）授業中に呼ぶのはよくないと思う。（どうして——）先生と，児童・生徒という立場があるので，教えてもらうのだから，立場をわきまえるべき。（山田先生が授業中でも気にしてなかったらどうですか——）　いけないと思う。（どうして——）山田先生がよくても，他の先生がだめかも知れない。山田先生と他の先生で違っていたら，子どもに説明できない。（周りの人たちも呼んでいる時は——）呼んではいけない。（どうして——）自分の中で決める。周りが呼んでいるからいいということはない。（自分の中というのは——）子どもは立場をあまり考えられないけど，先生なんだという意識を持つべきだから，みんながやっているけど自分が違うと思ったら，呼ぶべきではない。（立場を考えるのはどうして——）一番は秩序を保つため。先生は上の立場にいないといけないと思う。

ＡＡ女（21歳5ヶ月，女）
　（みんなが並んでいる列に割り込むのはよいですか。）よくない。（どうして――）割り込むと嫌な気分になる人がいるから。被害をうける人がいるから。（他の人たちが割り込みしてたら――）だめだと思う。（実際いますよね。どうしてだめ――）やられて嫌な気分になる人がいるから。周りの人がやっているなら，自分はちゃんと守らないといけない。（どうして――）それ以上嫌な気分になる人を増やしてはいけない。（並んでいる人の気分を優先するのはどうして――）自分のしたいことをみんなが優先していたら，お互いにいがみ合うことになるから。それを防ぐために守る。（いがみ合うよりも，自分を抑える方がいいのはどうして――）自分は自分で抑えれるけど，他の人は変えれない。自分が守ることで周りの人といい関係になったほうがいい。

　以上，本研究から，日本の子どもの「社会的慣習」概念には，「社会的慣習」への否定と肯定を繰り返す5段階の発達段階があることが明らかになった。この5段階の発達段階をもとに作成したモデルが，表22の日本の子どもの「社会的慣習」概念の発達モデルである。表23はTuriel（1983）が示した「社会的慣習」概念の発達モデル（以下Turielモデルと記述）である。

6　日本の子どもの「社会的慣習」概念の発達モデル（森川モデル）とTurielモデルとの比較

　次に，日本の子どもの「社会的慣習」概念の発達モデル（森川モデル）とTurielの「社会的慣習」概念の発達モデル（1983）との比較を行い，日本の子どもの「社会的慣習」概念の発達について考察を行う。

第1段階：自己の利害を守るものとして「社会的慣習」を肯定する段階（8歳まで）

　第1段階は，まだ他者の視点に立つことはできず，自己の視点から「社

表22 日本の子どもの「社会的慣習」の発達モデル（森川モデル）

		「社会的慣習」の捉え方の特徴 （「状況依存性」判断にもとづく発達モデル）
レベル1	第1段階 （8歳まで） 「社会的慣習」の肯定	自己の利害を守るものとして「社会的慣習」を肯定する段階 　第1段階は、まだ他者の視点に立つことはできず、自己の視点から「社会的慣習」を捉える段階である。そのため、「社会的慣習」を社会的相互作用の統合または社会システムの一部として捉えることはできていない。「社会的慣習」に従うことが自己への直接的な被害を回避すると考え、自己を守るために「社会的慣習」を肯定する。
	第2段階 （8－9歳） 「社会的慣習」の否定	自己の利害を守るものとしての「社会的慣習」を否定する段階 　第2段階は、自己の利害を守るものとしての「社会的慣習」を否定する段階である。第1段階の子どもは自己の視点から「社会的慣習」を捉えるが、第2段階の子どもは、視点が自己から他者へと向かう。守らなければならないのは自己の利害だけではないことから、他者の反応を意識するようになり、他者の直接的な反応に合わせることがよいと考える。その結果、自己の利害を守るものとしての「社会的慣習」を否定する。この段階では、「社会的慣習」を社会的相互作用の統合または社会システムの一部として捉えることはできていない。
レベル2	第3段階 （10－11歳） 「社会的慣習」の肯定	礼儀やマナーとして「社会的慣習」を肯定する段階 ［社会のシステムについての概念化の始まり］ 　第3段階は、社会システムへの概念化が始まる段階である。この段階の子どもは他者の反応を社会にとって必要なものと考える。自己も他者も守るものとして礼儀やマナーがあると考え、「社会的慣習」を肯定する。
	第4段階 （12－18歳） 「社会的慣習」の否定 4-(a)：(12-15歳) 4-(b)：(16-18歳)	礼儀やマナーとしての「社会的慣習」を否定する段階 　第4段階は、形式的な礼儀やマナーよりも、他者の気持ちに配慮することが社会的に重要だと考え、形式的な礼儀やマナーとしての「社会的慣習」を否定する。抽象的な思考が進むこの段階では、他者の言動から他者の考えや場の雰囲気を推察し、それらに配慮することが本当の礼儀やマナーだと考える。 　さらに、この第4段階は自己や親密な他者の利害に直接関係しない「社会的慣習」を形式的な礼儀やマナーとして捉え「社会的慣習」を否定する段階（4-(a)段階）と、「社会的慣習」を社会的立場や公共性等の視点から礼儀やマナーとして捉えるが、相手の気持ちや周囲の考えに配慮することをより重視し「社会的慣習」を否定する段階（4-(b)段階）の2段階に分かれる。
レベル3	第5段階 （18歳以降） 「社会的慣習」の肯定	社会秩序を維持し、人との関係やコミュニケーションを円滑にするものとして「社会的慣習」を捉え肯定する段階 　第5段階は、自己も他者も守ることを社会秩序の維持として捉え、社会秩序を維持し、人とのコミュニケーションを円滑にするものとして「社会的慣習」を肯定する。この段階では「社会的慣習」を社会システムの重要な要素として捉え、「社会的慣習」は、社会秩序を維持し、人との関係やコミュニケーションを円滑にするために必要な社会的な基準であると考える。

表23 Turielの「社会的慣習」概念の発達モデル（Turielモデル）

(Turiel, 1983, 二宮訳, 1991)

		(「規則随伴性」に基づく発達モデル)
レベル1	第1段階 （6－7歳） 慣習の肯定	慣習を社会的均一性を表現するものとしてとらえる段階 慣習は，みんなが同じような行動をするように決められたものと考えられており，社会的相互作用を円滑にするためのものとは理解していない。慣習を守ることは行動の統一性が乱れるのを避けるためであると考えている。
	第2段階 （8－9歳） 慣習の否定	社会的均一性を表現するものとしての慣習の否定 同じような行動をとることが，慣習を守っていくのに大切なことであるとは考えない。慣習は，恣意的なものであり，みんながするからといって必ずしもそうしなければならないとは考えない。このレベルの者は，慣習の必要性を否定する。しかし，慣習が社会的相互作用を円滑にするための手段であると理解するまでには至っていない。
レベル2	第3段階 （10－11歳） 慣習の肯定	規則を肯定し慣習を肯定 ［社会のシステムについての概念化の始まり］ 社会的慣習を恣意的で変更できるものと考えている。しかし，慣習に沿って行動することは，具体的な規則や権威ある人の期待にそうものであると考えている。
	第4段階 （12－13歳） 慣習の否定	規則体系としての慣習の否定 慣習は恣意的で変更できるものとして考えられている。行為の評価をその行為が関係する規則と対応させている。慣習的にふるまうことが恣意的であるとすると慣習的な行為についての規則や期待は妥当でないと主張する。
レベル3	第5段階 （14－16歳） 慣習の肯定	社会のシステムに媒介された慣習の肯定 社会構造についての体系的な概念ができてくる。慣習は，社会という共通の概念によって媒介される共有の行動と考える。慣習は，社会の統一性や固定的な役割などを保つための規範的な規制であり，必要であると考えるようになる。
	第6段階 （17－18歳） 慣習の否定	社会の基準としての慣習の否定 慣習は，集団内に行動の統一性を与えるのに役立つ社会的な基準であると考える。つまり，慣習は慣習的な使用を通して存在する社会基準以外の何ものでもない。この点では，依然として慣習が社会のシステムの一部であると見ている。しかし，もはや慣習それ自体は，社会的システムが適切に機能するための必要条件であるとは考えていない。
レベル4	第7段階 （18－25歳） 慣習の肯定	慣習は社会的相互作用を円滑にするためにあると考え慣習を肯定 慣習の基本的な機能は個人間の相互関係を円滑にすることであり，社会的システムの異なる部分を統合することであると考える。統一的な諸行動の目的は，相互作用を円滑にすることであり，それによって社会的システムも働きを促進することである。

会的慣習」を捉える段階である。自己の視点から自己の利害を守るものとしてしか「社会的慣習」を捉えることができないため,「社会的慣習」を社会的相互作用の統合または社会システムの一部として捉えることはできていない。この点は,Turielモデルの第1段階(6-7歳)と同様である。しかし,Turielモデルでは,子どもたちが規則に基づき,社会的均一性を表現するものとして「社会的慣習」を捉え肯定するのに対して,日本の子どもは対人関係に基づき,「社会的慣習」にしたがうことが自己への直接的な被害を回避すると考え,自己を守るために「社会的慣習」を肯定する。この点はTurielモデルの特徴とは異なる点といえる。

第2段階:自己の利害を守るものとしての「社会的慣習」を否定する段階(8～9歳)

　第2段階は,自己の利害を守るものとしての「社会的慣習」を否定する段階である。第2段階の子どもは,視点が自己から他者へと向かうため,自己の利害だけでなく他者の反応を意識するようになる。その結果,自己の利害を守るために「社会的慣習」にしたがうことよりも,他者の直接的な反応にしたがうことの方をよりよいと考えるようになり,第1段階の考え方を否定する。Turielモデルの第2段階(8-9歳)は,規則に基づく考えから,第1段階の考え方である社会的均一性を表現するものとしての「社会的慣習」を否定する段階である。より広い視点から,前段階の考えを否定する点は,日本の子どももTurielモデルも同様の特徴といえる。また,この段階では,「社会的慣習」を社会的相互作用の統合または社会システムの一部として捉えることはできていないがこの点もTurielモデルと同様である。しかし,Turielモデルでは,子どもたちが規則に基づく判断から「社会的慣習」を肯定するのに対して,日本の子どもは対人関係に基づく判断から「社会的慣習」を肯定する。この点はTurielモデルの特徴とは異なる点といえる。

第3段階：形式的な礼儀やマナーとしての「社会的慣習」を肯定する段階（社会のシステムへの概念化の始まり）（10〜11歳）

　第3段階は，社会のシステムへの概念化が始まる段階である。この段階の子どもは他者意識が明確になり始め，他者の反応を社会にとって必要なものと考えるようになる。自己や相手を越えるものとしての礼儀やマナーの概念が芽生え，社会のシステムへの概念化が始まる。社会のシステムへの概念化が始まる点は，Turielモデルの第3段階（10-11歳）と同様である。しかし，Turielモデルでは，子どもたちが規則に基づく判断から「社会的慣習」を肯定するのに対して，日本の子どもは対人関係に基づく判断から「社会的慣習」を肯定する。この点はTurielモデルの特徴とは異なる点といえる。

第4段階：相手の気持ちや周囲の考えに配慮することを重視し始め，形式的な礼儀やマナーとしての「社会的慣習」を否定する段階（12〜18歳）

4-(a) 段階：自己や親密な他者の利害に直接関係しない「社会的慣習」を形式的な礼儀やマナーとして捉え否定する段階（12〜15歳）
4-(b) 段階：「社会的慣習」を社会的立場や公共性等の視点から礼儀やマナーとして捉えるが，相手の気持ちや周囲の考えに配慮することをより重視し「社会的慣習」を否定する段階（16〜18歳）

　第4段階は，形式的な礼儀やマナーよりも，他者の気持ちに配慮することが社会的に重要だと考え，形式的な礼儀やマナーとしての「社会的慣習」を否定する段階である。第2段階と同様により広い視点から，前段階の考えを否定する点は，日本の子どももTurielモデルも同じ特徴といえる。しかし，Turielモデルでは，第4段階にあたる年齢が12-13歳の2年間であるのに対して，日本の子どもは第4段階にあたる年齢が12-18歳の7年間という長い期間である点は，大きく異なる点といえる。また，Turielモデルでは，子どもが行為の評価を規則と対応させて「社会的慣習」を否定するの

に対して，日本の子どもは対人関係に基づく配慮から前段階の形式的な礼儀やマナーとしての「社会的慣習」を否定する点も異なる点といえる。

第5段階：相手の気持ちや周囲の考えにとらわれることなく社会秩序を維持し，人との関係やコミュニケーションを円滑にするものとして「社会的慣習」を肯定する段階（18歳以降）

　第5段階は，自己も他者も守ることを社会秩序の維持として捉え，社会秩序を維持し，人とのコミュニケーションを円滑にするものとして「社会的慣習」を肯定する。この段階は「社会的慣習」を社会システムの重要な要素として捉える。そして，「社会的慣習」は，社会秩序を維持し，人との関係やコミュニケーションを円滑にするために必要な社会的な基準であると考える。「社会的慣習」を社会システムの重要な要素として捉えている点はTurielモデルの特徴と同様である。しかし，Turielモデルでは，「社会のシステムに媒介された『社会的慣習』を肯定する段階（第5段階，14-16歳）」の次に，「社会の基準としての『社会的慣習』を否定する段階（第4段階，17-18歳）」を経て，「『社会的慣習』は，社会的相互作用を円滑にするためにあると考え『社会的慣習』を肯定する段階（第7段階，18-25歳）」に至る。それに対して，日本の子どもはTurielモデルに比べて，「社会のシステムに媒介された『社会的慣習』を肯定する段階（18-21歳）」の出現が遅い。そのため「形式的な礼儀やマナーとしての『社会的慣習』を否定する段階（第4段階，12-18歳）」がTurielモデルよりも長く続く。また，Turielモデルにおける「社会の基準としての『社会的慣習』を否定する段階（14-16歳）」が見られず，Turielモデルの第5段階と第7段階にあたる「社会秩序を維持し，人との関係やコミュニケーションを円滑にするものとして『社会的慣習』を肯定する段階（第5段階）」が18歳から21歳のほぼ同時期に出現する。この点もTurielモデルとは大きく異なる点といえる。

7 全体的考察

　研究4の結果，日本の子どもの「社会的慣習」概念には，自己の利害を守るものとして「社会的慣習」を肯定する段階（第1段階，8歳まで），自己の利害を守るものとしての「社会的慣習」を否定する段階（第2段階，8-9歳），礼儀やマナーとして「社会的慣習」を肯定する段階（10-11歳），形式的な礼儀やマナーとしての「社会的慣習」を否定する段階（12-18歳），社会秩序を維持し，人との関係やコミュニケーションを円滑にするものとして「社会的慣習」を捉え肯定する段階（第5段階，18-21歳）の5つの発達段階があることが明らかになった。そして，各年齢段階の特徴をまとめると，以下の点が明らかになった。

　まず，Turielモデルと共通する点として，以下の2点が挙げられる。第1に，「社会的慣習」概念は，「社会的慣習」への肯定と否定とを繰り返しながら発達していくことである。Turielモデル同様，日本の子どもも加齢と共に，より高次な考えから前段階の考え方を否定し，新たな「社会的慣習」概念を創り上げていく。そのために，「社会的慣習」への肯定と否定とが交互に繰り返されると考える。

　第2に，社会のシステムへの概念化の芽生えは10歳頃から出現するということである。Selman（2003），荒木（1992）によれば，社会的視点取得能力の発達に伴い，子どもは10-15歳頃に自己と他者の思考や感情を調整するための第3者の視点を持つようになるとされている。この指摘にしたがえば，10歳頃から自己と他者を超える第3者的視点として形式的な礼儀やマナーの存在を意識し始め，社会のシステムへの概念化が芽生え始めるようになると考えられる。

　次に，Turielモデルと異なる特徴として，次の2点が挙げられる。第1に，Turielモデルでは14-16歳頃に出現する「社会秩序を維持するものとして『社会的慣習』を捉え肯定する段階」が日本では，それよりも遅い18歳以降になって出現する点である。そのために，前段階の「形式的な礼儀やマナーとしての『社会的慣習』を否定する段階（第4段階,12-18歳）」が

長く続く。規範意識に関するこれまでの研究（ベネッセ教育研究開発センター，1996, 1997, 1998, 2000）から，社会的秩序に関する逸脱許容率や逸脱体験者率は小学生よりも中学生や高校生の方が高くなることが示されているが，これは，中学生や高校生の時期がこの「形式的な礼儀やマナーとしての『社会的慣習』を否定する段階」にあたるためだと考えられる。このように，「社会秩序を維持するものとして『社会的慣習』を捉え肯定する段階」が18歳以降に出現する原因の一つとして，藤田（1985），千石・鐘ヶ江・佐藤（1987），香山（2004），友枝（2003）らが指摘するように，中学生や高校生の意識が自己や友人など身近な他者へと向かい，社会集団や社会システムに向きにくい傾向にあることが考えられる。この点について，井上（1992）は14-16歳頃は対人関係において，友人との親密な関係を求める時期だとしている。また，千石・鐘ヶ江・佐藤（1987）は，日本の中学校が管理主義的であり学校的価値への適応を強要しすぎるために，子どもが学校内外でのびのびと自由に活動する空間が奪われ，子どもを取り巻く社会自体が学校化していると指摘している。さらに，下山（1992）は，管理体制の強い日本の社会にあっては，高校生の主体的で自由な役割実験はほとんど評価されず，受験が終了する大学入学後において初めて，青年の自由な役割実験が開始されるようになるとしている。これらの指摘にしたがえば，日本の子どもは，対人関係において友人との親密な関係を求める中学生や高校生の時期に，学校では管理主義的な教育によって学校的価値への適応を求められる。そのため，自己や友人など学校内の身近な集団との人間関係により敏感になり，公的な社会集団や社会システムに対する意識が向きにくくなると考えられる。そして，管理主義的な学校教育から解放される18歳頃になってようやく社会集団や社会システムに対する意識が強まり，「社会秩序を維持するものとして『社会的慣習』を捉え肯定する段階」が出現するようになると考えられる。

　第2に，日本の子どもの「社会的慣習」の発達段階における第4段階には，2つの下位段階があることが明らかになった。第4段階は，形式的な

礼儀やマナーとしての「社会的慣習」を否定する段階である。本研究から，この第4段階は，「社会的慣習」を自己や身近な他者に関わる形式的な礼儀やマナーとして捉え否定する段階（4-(a)段階）と，「社会的慣習」を社会的立場や公共性に関わる礼儀やマナーとしてより社会的な視点から捉え否定する段階（4-(b)段階）の2つの下位段階が存在することが明らかになった。

　以上，本研究によって，日本の子どもにおいても，「社会的慣習」への肯定と否定とを繰り返しながら発達していく「社会的慣習」概念の発達段階が存在することが明らかになった。また，日本の子どもは，規則よりも対人関係に基づいて「社会的慣習」を捉えており，「社会的慣習」概念の発達はTurielモデルとは異なる特徴を持っていることが明らかになった。

第4章　総　括

　本研究の目的は，日本の子どもの「社会的慣習」概念の発達モデルを策定し，規範意識を育成するための道徳教育への示唆を示すことであった。そこで，本章では，本研究によって得られた知見をまとめ，規範意識を育成するための道徳教育への示唆と規範意識の育成に特化した道徳教育プログラムモデルを示す。

第1節　総合考察

　本研究によって，日本の子どもの「社会的慣習」概念の発達過程が明らかになった。日本の子ども独自の特徴として明らかになったのは次の3点である。まず第1に，日本の子どもは「社会的慣習」と「道徳」とを明確に区別する基準判断を持っていること，その基準判断は「状況依存性」であること，である。これまでの研究（首藤・岡島，1986；首藤，1999；首藤・二宮，2003）によって，日本の子どもは「社会的慣習」概念と「道徳」概念を明確に区別する基準判断を持たないとされていた。しかし，本研究によって，日本の子どもにも明確な基準判断が存在することが明らかにされ，その基準判断が「状況依存性」であることが明確になった。このことは，本研究で得られた新しい知見である。
　第2に，日本の子どもの「社会的慣習」概念の発達には2回の転換期があることである。これまでの研究から（Turiel, 1983）アメリカの子どもには3回の転換期があることが明らかにされている。

このことから，「社会的慣習」概念の発達には文化的相違があることが明らかになった。これは，本研究によって得られた新しい知見である。
　第3に，「社会的慣習」の逸脱行為を許容する際の主たる根拠は，「自己防衛」であることである。これまでの研究（Triandis, 1995）から，日本人は集団主義的思考を行うとされていた。また，道徳的な判断においても対人関係に基づく判断を行うことが指摘されていた（中根, 1967；鈴木・森川, 2005）。本研究によって，「社会的慣習」の逸脱行為を許容する際の根拠は，「自己防衛」であることが明らかになった。このことは，本研究で得られた新しい知見である。しかし，この「自己防衛」の考えは，自己だ

表24　これまでの研究と本研究における研究結果の対比

	これまでの日本の研究		日本の子どもの「社会的慣習」概念の発達モデル	Turielの「社会的慣習」概念の発達モデル
	従来の道徳教育	首藤・二宮らの研究	森川の研究	Turielらの研究
「社会的慣習」と「道徳」の区別	「社会的慣習」と「道徳」の混在　区別しない	区別するが明確ではない	区別する	区別する
区別の基準判断	−	規則随伴性や権威依存性ではない	状況依存性	規則随伴性　権威依存性
「社会的慣習」と「道徳」の区別の発達的特徴	−	8歳頃から徐々に明確になる	8歳頃から明確に区別	6歳頃から明確に区別
	−	直線的	U字型	直線的
基準判断の正当性判断の発達的特徴	−	権威依存性	状況依存性	権威依存性
	−	「社会的慣習」については権威に依存していない	「社会的慣習」と「道徳」は異なる発達的特徴	「社会的慣習」と「道徳」は同様の発達的特徴
「社会的慣習」概念の発達的特徴	−	明らかにされていない	5段階　転換期は2回	7段階　転換期は3回
道徳教育への示唆	「社会的慣習」と「道徳」の混在	「社会的慣習」と「道徳」で異なる方法	「社会的慣習」と「道徳」で異なる方法	「社会的慣習」と「道徳」で異なる方法
	「社会的慣習」と「道徳」は同一の発達過程・指導法	明らかにされていない	日本の「社会的慣習」概念の発達モデルに即した指導方法	Turielの発達モデルに即した指導方法

第4章 総 括

けに関わるものなのか，それとも他者や集団とも関連するものなのか，本研究では十分に吟味することができなかった。「自己防衛」の中味については，今後検討する必要がある。

　以上のような結果から，日本の子ども独自の「社会的慣習」概念の発達モデルが明らかになった。これまでTuriel（1983）によって，アメリカの子どもの7段階の「社会的慣習」の発達モデルは明らかにされていた。しかし，本研究によって，Turielの発達モデルとは異なる，日本の子ども独自の5段階の発達モデルが初めて明らかにされたのである。なお，表24はこれまでの研究と本研究における研究結果を対比し，一覧にしたものである。

第2節　規範意識を育成する道徳教育への示唆と規範意識の育成に特化した道徳教育プログラムモデル

　Turiel理論に基づく本研究の結果によって得られた知見から，日本の子どもの規範意識を育成する道徳教育への示唆と規範意識の育成に特化した道徳教育プログラムモデルを示す。

1　「社会的慣習」と「道徳」との相違を明確に区別して構成される道徳教育

　第1点目は，「社会的慣習」と「道徳」との相違を明確に区別して構成される道徳教育の必要性が示されたことである。本研究から，子どもたちは8歳頃から「社会的慣習」概念と「道徳」概念とを異なる概念として区別するようになることが明らかになった。したがって，子どもたちの規範意識を育成するためには，まず教師自身が「社会的慣習」と「道徳」とを区別し，それぞれの特徴に合った方法で指導する必要があると考える。表25-1，表25-2は，学習指導要領（文部科学省，2008）に示してある「道徳の

表25-1 「道徳の内容」の学年段階・学校段階の一覧表（文部科学省，2008）

第1学年及び第2学年	第3学年及び第4学年

1　主として自分自身に関すること

(1) 健康や安全に気を付け，物や金銭を大切にし，身の回りを整え，わがままをしないで，規則正しい生活をする。 (2) 自分がやらなければならない勉強や仕事は，しっかりと行う。 (3) よいことと悪いことの区別をし，よいと思うことを進んで行う。 (4) うそをついたりごまかしをしたりしないで，素直に伸び伸びと生活する。	(1) 自分でできることは自分でやり，よく考えて行動し，節度のある生活をする。 (2) 自分でやろうと決めたことは，粘り強くやり遂げる。 (3) 正しいと判断したことは，勇気をもって行う。 (4) 過ちは素直に改め，正直に明るい心で元気よく生活する。 (5) 自分の特徴に気付き，よい所を伸ばす。

2　主として他の人とのかかわりに関すること

(1) 気持ちのよいあいさつ，言葉遣い，動作などに心掛けて，明るく接する。 (2) 幼い人や高齢者など身近にいる人に温かい心で接し，親切にする。 (3) 友達と仲よくし，助け合う。 (4) 日ごろ世話になっている人々に感謝する。	(1) 礼儀の大切さを知り，だれに対しても真心をもって接する。 (2) 相手のことを思いやり，進んで親切にする。 (3) 友達と互いに理解し，信頼し，助け合う。 (4) 生活を支えている人々や高齢者に，尊敬と感謝の気持ちをもって接する。

3　主として自然や崇高なものとのかかわりに関すること

(1) 生きることを喜び，生命を大切にする心をもつ。 (2) 身近な自然に親しみ，動植物に優しい心で接する。 (3) 美しい物に触れ，すがすがしい心をもつ。	(1) 生命の尊さを感じ取り，生命あるものを大切にする。 (2) 自然のすばらしさや不思議さに感動し，自然や動植物を大切にする。 (3) 美しいものや気高いものに感動する心をもつ。

4　主として集団や社会とのかかわりに関すること

(1) 約束やきまりを守り，みんなが使う物を大切にする。 (1) はたらくことのよさを感じて，みんなのために働く。 (2) 父母，祖父母を敬愛し，進んで家の手伝いなどをして，家族の役に立つ喜びを知る。 (3) 先生を敬愛し，学校の人々に親しんで，学級や学校の生活を楽しくする。 (4) 郷土の文化や生活に親しみ，愛着をもつ。	(1) 約束や社会のきまりを守り，公徳心をもつ。 (2) 働くことの大切さを知り，進んでみんなのために働く。 (3) 父母，祖父母を敬愛し，家族みんなで協力し合って楽しい家庭をつくる。 (4) 先生や学校の人々を敬愛し，みんなで協力し合って楽しい学級をつくる。 (5) 郷土の文化と伝統を大切にし，郷土を愛する心をもつ。 (6) 我が国の伝統と文化に親しみ，国を愛する心をもつとともに，外国の人々や文化に関心をもつ。

表25-2 「道徳の内容」の学年段階・学校段階の一覧表（文部科学省，2008）

第5学年及び第6学年	中学校

1 主として自分自身に関すること

(1) 生活習慣の大切さを知り，自分の生活を見直し，節度を守り節制に心掛ける。 (2) より高い目標を立て，希望と勇気をもってくじけないで努力する。 (3) 自由を大切にし，規律ある行動をする。 (4) 誠実に，明るい心で楽しく生活する。 (5) 真理を大切にし，進んで新しいものを求め，工夫して生活をよりよくする。 (6) 自分の特徴を知って，悪いところを改めよい所を積極的に伸ばす。	(1) 望ましい生活習慣を身に付け，心身の健康の増進を図り，節度を守り節制に心がけ調和のある生活にする。 (2) より高い目標を目指し，希望と勇気をもって着実にやり抜く強い意志をもつ。 (3) 自律の精神を重んじ，自主的に考え，誠実に実行してその結果に責任をもつ。 (4) 真理を愛し，真実を求め，理想の実現を目指して自己の人生を切り拓いていく。 (5) 自己を見つめ，自己の向上を図るとともに，個性を伸ばして充実した生き方を追求する。

2 主として他の人とのかかわりに関すること

(1) 望ましい生活習慣を身に付け，心身の健康の増進を図り，節度を守り節制に心がけ調和のある生活にする。 (2) より高い目標を目指し，希望と勇気をもって着実にやり抜く強い意志をもつ。 (3) 自律の精神を重んじ，自主的に考え，誠実に実行してその結果に責任をもつ。 (4) 真理を愛し，真実を求め，理想の実現を目指して自己の人生を切り拓いていく。 (5) 自己を見つめ，自己の向上を図るとともに，個性を伸ばして充実した生き方を追求する。	(1) 礼儀の意義を理解し，時と場に応じた適切な言動を取る。 (2) 温かい人間愛の精神を深め，他の人々に対して感謝と思いやりの心をもつ。 (3) 友情の尊さを理解して心から信頼できる友達をもち，互いに励まし合い，高め合う。 (4) 男女は互いに異性についての正しい理解を深め，相手の人格を尊重する。 (5) それぞれの個性や立場を尊重しいろいろなものの見方や考え方があることを理解して寛容の心をもち謙虚に他に学ぶ。 (6) 多くの人々の善意や支えにより，日々の生活や現在の自分があることに感謝し，それにこたえる。

3 主として自然や崇高なものとのかかわりに関すること

(1) 生命がかけがえ無いものであることを知り，自他の生命を尊重する。 (2) 自然の偉大さを知り，自然環境を大切にする。 (3) 美しいものに感動する心や人間の力を超えたものに対する畏敬の念をもつ。	(1) 生命の尊さを理解し，かけがえのない自他の生命を尊重する。 (2) 自然を愛護し，美しいものに感動する豊かな心をもち，人間の力を超えたものに対する畏敬の念を深める。 (3) 人間には弱さや醜さを克服する強さや気高さがあることを信じて，人間として生きることの喜びを見いだすように努める。

4 主として集団や社会とのかかわりに関すること

(1) 公徳心をもって法やきまりを守り，自他の権利を大切にし進んで義務を果たす。 (2) だれに対しても差別することや偏見をもつことなく公正，公平にし，正義の実現に努める。 (3) 身近な集団に進んで参加し，自分の役割を自覚し，協力して主体的に責任を果たす。 (4) 働くことの意義を理解し，社会に奉仕する喜びを知って公共のために役に立つことをする。 (5) 父母，祖父母を敬愛し，家族の幸せを求めて，進んで役に立つことをする。 (6) 先生や学校の人々への敬愛を深め，みんなで協力し合いよりよい校風をつくる。 (7) 郷土や我が国の伝統と文化を大切にし，先人の努力を知り，郷土や国を愛する心をもつ。 (8) 外国の人々や文化を大切にする心をもち，日本人としての自覚をもって世界の人々と親善に努める。	(1) 法やきまりの意義を理解し，遵守するとともに，自他の権利を重んじ義務を確実に果たして，社会の秩序と規律を高めるように努める。 (2) 公徳心及び社会連帯の自覚を高め，よりよい社会の実現に努める。 (3) 正義を重んじ，誰に対しても公正，公平にし，差別や偏見のない社会の実現に努める。 (4) 自己が属する様々な集団の意義についての理解を深め，役割と責任を自覚し集団生活の向上に努める。 (5) 勤労の尊さや意義を理解し，奉仕の精神をもって，公共の福祉と社会発展にに努める。 (6) 父母，祖父母に敬愛の念を深め，家族の一員としての自覚をもって充実した家庭生活を築く。 (7) 学級や学校の一員としての自覚をもち，教師や学校に敬愛の念を深め，協力してよりよい校風を樹立する。 (8) 地域社会の一員としての自覚をもって郷土を愛し，社会に尽くした先人や高齢者に尊敬と感謝の念を深め，郷土の発展に努める。 (9) 日本人としての自覚をもって国を愛し，国家の発展に努めるとともに，優れた伝統の継承と新しい文化の創造に貢献する。 (10) 世界の中の日本人としての自覚をもちち，国際的視野に立って，世界の平和と人類の幸福に貢献する。

内容」の学年段階・学校段階の一覧表である。学習指導要領では，児童の道徳性を「1．自分自身に関すること」，「2．他の人とのかかわりに関すること」，「3．自然や崇高なものとのかかわりに関すること」，「4．集団や社会とのかかわりに関すること」の4つの視点から捉えている。そして，この4つの視点から，学年段階に応じた16項目から24項目の内容項目が示されている。これらの内容項目については，「社会的慣習」と「道徳」との区別はなされていない。しかし，Turiel（1983）にしたがえば，学習

指導要領に示してある道徳の内容項目のうち、「2．他の人とのかかわりに関すること」の礼儀に関する内容項目 (2-(1)) と、「4．集団や社会とのかかわりに関すること」の内容項目は「社会的慣習」にかかわる内容項目である。したがって、これらの内容項目については、「社会的慣習」の特徴に即した指導法が必要となる。

　このようにこれまでの道徳教育では、道徳の内容項目に「社会的慣習」と「道徳」との区別はなされておらず、これらは全て同じ指導方法で指導するものとされてきた。そのため、「社会的慣習」に特化した指導法も開発されず、子どもたちの規範意識も十分に育成されてこなかったのではないかと考えられる。したがって、「社会的慣習」と「道徳」との相違を明確に区別した道徳教育を構成することによって、「社会的慣習」に特化した指導が可能となり、子どもたちの規範意識を効果的に育成できるのではないかと考える。

2　「社会的慣習」概念の発達に基づく規範意識の育成に特化した道徳教育

　第2点目は、「社会的慣習」概念の発達に基づく規範意識の育成に特化した道徳教育の必要性が示されたことである。本研究から、日本の子どもには5段階の「社会的慣習」概念の発達段階があることが明らかにされた。この「社会的慣習」概念の発達に基づき、年齢段階相応の道徳教育を行えば、規範意識を育成することができるのではないかと考える。そこで、次に、「社会的慣習」概念の発達段階に基づく規範意識の育成に特化した道徳教育への示唆を示す。

①規範意識の基礎形成期［第1肯定期］（8歳頃まで：小学校低学年）

　自己の利害を守るものとして「社会的慣習」を肯定する段階（第1段階）
　8歳頃までは、「社会的慣習」と「道徳」との区別が明確でなく、いずれの行為についても規範は守るべきと考えている時期である。また、「社

会的慣習」に対しては，自己の利害を守るものとして「社会的慣習」を肯定している時期でもある。したがって，この時期には「社会的慣習」，「道徳」のいずれの行為についても，してよいこととしてはいけないことを場面や状況に即して，具体的に教えていくことが必要である。そして，自分を守るためにも，規範を守ることが大切であるということを繰り返し指導していく必要があると考える。そのような指導を通して，規範意識の基礎が形成されると考える。

②規範の吟味期［第1否定期］（8-9歳頃：小学校中学年）

自己の利害を守るものとしての「社会的慣習」を否定する段階（第2段階）

8-9歳頃は，「社会的慣習」の逸脱行為を「道徳」の逸脱行為よりも悪いと判断する時期である。つまり，「道徳」よりも「社会的慣習」を重視し，普遍的な「道徳」に対しても，「社会的慣習」的な理解をする時期である。したがって，この時期には「社会的慣習」の指導を中心に行うことが有効であると考える。この時期の子どもは，「社会的慣習」に対して，規則の存在よりも人間関係を優先させた判断を行い，他者の反応次第では逸脱行為をしても仕方ないと判断する。「社会的慣習」に対しても他者意識が生じ，自己の利害よりも他者との良好な関係を保つため，相手の反応に応じて「社会的慣習」を否定する時期，つまり第1否定期である。

これまでこの第1否定期には，学校の決まりを否定するという現象のみを取り上げ，学校の決まりを画一的に守らせようとする指導が行われてきた。しかし，本研究にしたがえば，この否定期には，学校の決まりの意味を考えさせる指導を重視することによって，次段階の考えであるきまり一般の意味に気づかせることができるといえる。また，Selman（2003）によれば，この時期は自己から他者へと視点が広がる時期とされている。したがってこの時期には，相手との良好な関係を保つために相手の反応を重視していることを認めつつ，相手に共感するだけでも，また同調するだけで

もなく，自分と相手の双方にとってのよい考え方を吟味させることが大切である。そして，自分と相手の双方にとってのよい考え方を吟味させることを通して，身近なルールや決まり等の規範がなぜあるのか，その意味について考えさせる指導が効果的と考える。そのような指導を通して，子どもは「自己と相手」という二者関係だけでなく，それを越える判断基準としての礼儀やマナーの存在に気づくことができるようになり，礼儀やマナーとしての規範を守ろうとする意識を高めることができると考える。

③規範の社会化期［第2肯定期］（10-11歳頃：小学校高学年）
　礼儀やマナーとして「社会的慣習」を肯定する段階（第3段階）
　10-11歳頃も，8-9歳頃と同様に「道徳」より「社会的慣習」を重視する時期である。したがって，この時期も人間関係に基づく「社会的慣習」の指導を中心に行うことが有効であると考える。この時期は8-9歳頃よりも，他者意識が明確になり始め，他者の反応を社会にとって必要なものと考え始める時期である。「社会的慣習」概念の発達においては，社会のシステムへの概念化が始まる時期である。この時期の子どもは，「自己と相手」の二者を越える第三者の視点を獲得し，自己も他者も守るために必要な礼儀やマナーとして「社会的慣習」を捉え肯定する。規範を社会化し始めるこの時期には，自分と相手の二者だけでなく，周りの友達，他学年の子どもや教師，地域・社会の人々など，より広い社会的な視点から「社会的慣習」の大切さについて考えさせることが必要である。そのためには，子どもにとって身近な礼儀やマナーを取り上げながら，世の中は自分や相手がよければ何をしてもよいわけではなく，みんなが暮らしていくために守らないければならない決まりがあるということに気づかせる指導が有効と考える。そのような指導を通して，子どもは社会的な視点から礼儀やマナーとして「社会的慣習」を捉えるようになり，家庭や地域で用いられている礼儀やマナーを進んで守ろうとする意識を高めることができると考える。

④規範の抽象化期 ［第２否定期］（12-18歳頃：中学生・高校生）

礼儀やマナーとしての「社会的慣習」を否定する段階（第４段階）

12歳以降は，人間関係に基づきながら「社会的慣習」を重視する判断から「道徳」を重視する判断へと移行していく時期である。特に，小学校から中学校へと進学し，学級担任制から教科担任制のシステムへと大きく環境の変わる12-13歳頃は，「道徳」よりも「社会的慣習」をより相対的なものとして捉え，普遍的な「道徳」への気づきが始まる時期である。したがって，この時期の子どもには，逸脱が許される理由や状況について考えさせながら，相対的な「社会的慣習」と普遍的な「道徳」との質的な違いについて考えさせる指導が必要である。

また，この時期は前段階の考えである礼儀やマナーとしての「社会的慣習」を否定する第２否定期にあたる。これまでこの第２否定期には，一般的な決まりあるいは，礼儀やマナーを否定するという現象のみを取り上げ，決まりやマナーを画一的に守らせようとする指導が行われてきた。しかし，本研究にしたがえば，この時期には仲間意識を拡大したり社会自体を身近なものと捉えさせたりする指導によって，次段階の考え方である，社会秩序を維持したり，人との関係やコミュニケーションを円滑にしたりするものとしての「社会的慣習」の存在意義に気づかせることができると考える。

規範の抽象化Ａ期　──親密な仲間意識の拡大期──（12-15歳：中学生）

12-15歳頃は，「社会的慣習」の発達段階において，自己や親密な仲間の利害を守るために形式的な礼儀やマナーとしての「社会的慣習」を否定する段階（4-(a)段階）にあたる。井上（1992）によれば，この時期の子どもは，友人等，身近な他者に対する親密度が増し，友人との親密な関係を求める傾向が強いとされている。また，14-16歳頃は，友達を大切にしようとする気持ちから「社会的慣習」への逸脱許容が高まる時期でもある。したがって，この時期は，まず自分や親密な相手を大切にしようとする気持ちに理解を示しながらも，身近な仲間だけでなく，親密と捉える仲間集団

の範囲を徐々に拡大していく指導が必要である。身近な仲間だけでなく，より広い集団的，社会的な視点から，「社会的慣習」の社会的意義や公共性について考えさせる指導によって，社会的基準としての社会規範の意味に気づき，社会規範を進んで守ろうとする意識も高まると考える。

規範の抽象化Ｂ期　——仲間意識の社会化期——（16-18歳：高校生）

　16-18歳頃は，社会自体を自分の身近な存在として意識化し，社会の一員としての自覚を深めることが必要な時期である。「社会的慣習」概念の発達においては，「社会的慣習」を社会的立場や公共性に関わる形式的な礼儀やマナーとして捉えるが，他者の気持ちに配慮することが社会的に重要だと考え，形式的な礼儀やマナーとしての「社会的慣習」を否定する段階（4-(b) 段階）にあたる。この時期は，社会集団や社会システムよりも自己や友人など身近な他者に意識が向きやすい時期とされている（藤田，1985；千石・鐘ヶ江，1987；井上，1992；千石2001；友枝，2003）。したがって，この時期は道徳授業だけでなく，社会科や他教科とも関連を図り，社会的立場や公共性の視点から社会秩序の必要性や人々との円滑なコミュニケーションの重要性について考えさせるとともに，社会自体を身近なものとして捉えさせたり，社会を形成する一員としての自覚を持たせたりする指導が必要と考える。広い社会的視点から，社会的基準としての規範について考えさせる指導によって，子どもは社会の一員としての自覚を持ち，社会規範の必要性に気くことができるようになると考える。

⑤規範の主体化期［第３肯定期］（18歳以降）

　社会秩序を維持し，人との関係やコミュニケーションを円滑にするものとして「社会的慣習」を捉え肯定する段階（第5段階）

　18歳以降は，「状況依存性」の基準判断から，本来相対的な「社会的慣習」と普遍的な「道徳」との区別が明確にできるようになる時期である。つまり，「道徳」を「道徳」として，「社会的慣習」を「社会的慣習」として捉え，状況に即して主体的・自律的な判断ができるようになる時期とい

える。「社会的慣習」概念の発達においては，相手の気持ちや周囲の考えにとらわれることなく社会秩序を維持し，人との関係やコミュニケーションを円滑にするものとして「社会的慣習」を肯定する段階にあたる。したがって，この時期には，社会を身近に感じ，身内意識を持って社会集団を捉えることができるよう，大人としての扱いを心がけていくことが大切である。そのような大人としての扱いを徹底することによって，社会を担う一員として規範の意義や自己の社会的役割についての理解を深め，規範に対して状況に応じた主体的・自律的な判断のできる規範意識の高い青年を育成することができると考える。

以上のように「社会的慣習」概念の発達に即した，年齢段階相応の道徳教育を行うことによって，子どもたちの規範意識を効果的に育成することができると考える。

3 「社会的慣習」概念の発達に基づく規範意識の育成に特化した道徳教育プログラムモデル

第3点目は，「社会的慣習」概念の発達に基づく規範意識の育成に特化した道徳教育プログラムモデルが示されたことである。

本研究から，「社会的慣習」概念の発達には，肯定期と否定期があり，それらはいずれも「社会的慣習」概念の発達にとって必要な時期であることが明らかになった。つまり，本研究にしたがえば「社会的慣習」の否定期は，口先道徳段階・矛盾道徳段階（鈴木, 1946；岩川・杉村・本多・前田, 2000）のような発達の停滞や落ち込みを意味するのではなく，既存の概念を一旦否定し，次段階のより高次な考え方に気づくための萌芽期といえる。したがってこの時期には，「社会的慣習」を肯定させるために規範の遵守を画一的に押しつけ，前段階の肯定期に戻すような指導ではなく，子どもが「社会的慣習」を否定する意味を理解し，次段階への気づきを促す指導こそ必要であると考える。

表9は，「社会的慣習」概念の発達に基づく規範意識の育成に特化した

道徳教育プログラムモデルである。このような「社会的慣習」への肯定と否定のサイクルに基づく新しい視点からの道徳教育プログラムによって，子どもたちの規範意識を効果的に育成することができると考える。

表26 「社会的慣習」概念の発達に即した規範意識を育成する道徳教育プログラムモデル

「社会的慣習」概念の発達段階			規範意識の育成に有効な指導方法
発達段階・年齢		規範の捉え方	
レベル1	第1段階 8歳まで 【肯定】	学校規範の遵守	規範意識の基礎形成期　【第1肯定期】 規範を守ることの大切さを繰り返し指導する時期
	第2段階 8-9歳 【否定】	学校規範の否定 社会への気づき	規範の意識化期　【第1否定期】 自分と相手の双方にとってのよい考え方を吟味させることを通して，身近なルールや決まり等の規範がなぜあるのか，その意味について考えさせる指導
レベル2	第3段階 10-11歳 【肯定】	形式的な 社会規範の遵守	規範の社会化期　【第2肯定期】 規範としての礼儀やマナーの大切さに気づかせる時期
	第4段階 12-18歳 【否定】	形式的な社会規範 への否定	規範の抽象化期　【第2否定期】
	4-(a)： 12-15歳	社会規範の 意味への気づき	A期：親密な仲間意識の拡大期 親密と捉える仲間集団の範囲を拡大し，より広い視点から社会規範の意味に気づかせる指導
	4-(b)： 16-18歳	社会規範の 必要性への気づき	B期：仲間意識の社会化期 社会自体を身近なものとして捉えさせることにより，社会規範の必要性に気づかせる指導
レベル3	第5段階 18歳以降 【肯定】	社会規範の尊重	規範の主体化期　【第3肯定期】 社会を担う一員として規範の意義や自己の社会的役割についての理解を深め，状況に応じた主体的な判断について考えさせる指導

第3節　今後の課題

　最後に今後の課題を3点示す。
　第1に，本研究によって，日本の子どもの「社会的慣習」概念の発達モデルを策定し，規範意識の育成に特化した道徳教育プログラムのモデルを示すことはできた。しかし，規範意識の育成に特化した道徳教育の具体的なプログラムを開発することはできなかった。Turiel (1980) 自身も指摘するように，道徳性の研究は，実際の教育に適用されることによって評価されるものと考える。したがって，今後は本研究で得られた知見を基に，規範意識の育成に特化した道徳教育プログラムを開発し，その有効性について検証する必要がある。
　第2に，本研究では，鈴木・森川 (2005) と中根 (1967) の指摘にしたがい，「状況依存性」判断における逸脱許容の根拠を対人関係に基づいて検討した。その結果，「社会的慣習」の逸脱許容の主たる根拠が「自己防衛」であることは明らかにされた。しかし，「自己防衛」の中味について本研究では十分に検討できなかった。この点については，今後検討する必要がある。また，本研究で検討した「状況依存性」判断には，今回取り上げた根拠以外のものが影響を与えている可能性が示唆された。したがって，今後は対人関係以外の根拠についても検討し，「状況依存性」判断についてより詳細に検討する必要がある。
　第3に，今回はTurielの領域区分にしたがい「社会的慣習」領域と「道徳」領域のみを取り上げた。しかし，このふたつの観点からだけでは明確に区分できないもの残された。したがって，今後は，日本における社会的慣習とは何か，道徳とは何かについて検討し，研究を進めていく必要がある。

引用文献

荒木紀幸　1988　コールバーグ理論に基づく小学校・中学校での道徳の授業とその効果 道徳教育国際会議 モラロジー研究所 330-335.

荒木紀幸　1992　役割取得理論——セルマン　日本道徳性心理学研究会編著 道徳性心理学　道徳教育のための心理学 北大路書房 173-190.

ベネッセ教育研究開発センター　1996　モノグラフ・中学生 54 規範感覚といじめ

ベネッセ教育研究開発センター　1997　モノグラフ・高校生 48 高校生白書

ベネッセ教育開発センター　1998 モノグラフ・小学生　ナウ 23-2「いじめ」の残したもの

ベネッセ教育研究開発センター　2000　モノグラフ・小学生ナウ 20-2 学校ってどんなところ——

Davidson, P., Turiel, E., Black, A. 1983 The effect of stimulus familiarity on the use of criteria and justifications in children's social reasoning *The British journal of developmental psychology.* 1 49-65.

Dodsworth-Rugani, K. J. 1982 The development of concepts of social structure and their relationship to school rules and authority. *Unpublished doctoral dissertation,* University of California Berkeley.

藤田昌士　1985　道徳教育　その歴史・現状・課題　エイデル研究所　194-199.

深谷昌志・深谷和子　2003　『いじめ』の残したもの モノグラフ・小学生ナウ VOL.23-2 ベネッセ未来教育センター

井上健治　1992　第1章　人との関係の広がり　木下芳子編　新・児童心理学講座第8巻　対人関係と社会性の発達　1-28.

伊藤啓一　1991　道徳教育全書 12 統合的道徳教育の創造 現代アメリカの道徳教育に学ぶ 明治図書

岩川淳・杉村省吾・本多修・前田研史　2000　子どもの発達臨床心理新版 昭和堂

香山リカ　2004.「私」の愛国心　ちくま新書

Kohlberg, L. 1969 Stage and sequence: The cognitive-developmental approach to socialization, In D. A. Goslin (Ed.), *Handbook of socialization theory and research,* Chicago: Rand McNally, 347-480.

Miller, J. G. and Bersoff, .D. M. 1995 Development in the context of everyday family relationships: Culture, interpersonal morality, and adaptation. In Killen. M. and Hart. D., *Morality in everyday life: Developmental perspectives.* Cambridge University Press. 259-282.

文部省　2008　小学校学習指導要領解説 道徳編　3-4
文部科学省　2008　小学校学習指導要領
文部科学省・警察庁　2006　児童生徒の規範意識を育むための教師用指導資料
諸富祥彦・黒岩絹子編著　2000　道徳と総合学習で進める心の教育 明治図書
中根千枝　1967　タテ社会の人間関係 講談社現代新書
内閣府　2007　低年齢少年の生活と意識に関する調査
二宮克美　1984　小学生の社会的ルールに対する意識　日本心理学会第48回大会準備委員会　日本心理学会第48回大会発表論文集 569.
二宮克美　1985　中学生の社会的ルールに対する意識 日本心理学会第49回大会準備委員会 日本心理学会第49回大会発表論文集 672.
二宮克美　1991　規範意識の発達および非行・問題行動と道徳性との関係 大西文行編　新・児童心理学講座第9巻　道徳性と規範意識の発達　金子書房
Nucci ,L. P. 1981 Conception of personal issues:A domain distinct from moral and societal concepts. *Child Development*, 52 114-121.
Nucci, L. P., Turiel, E., Gawrysh, G. E. 1983 Children's social interactions and social concepts analyses of morality and convention in the Virgin Islands *Jurnal Cross-Cultural Psychology*. 14（4）469-487.
押谷由夫監修　2001　わくわく道徳資料集 低学年 ――子どもたちの道徳的価値の自覚を深めるために――　東洋館出版社
Piaget, J. 1930 *Le jugemento moral chez I'enfant* 大伴茂（訳）1954　児童道徳判断の発達　臨床児童心理学Ⅲ　同文書院
Selman. R. L. 2003 *The promotion of social awaeness*. New York, Russell Sage Foundation.
千石保　2001　新エゴイズムの若者たち?自己決定主義という価値観 PHP新書
千石保・鐘ヶ江晴彦・佐藤群衛　1987 日本の中学生 国際比較でみる NHKブックス 538
Shweder, R. A., Mahapatra, M., Miller, J. G. 1987 Culture and moral development *The Emergence of morality in young children*. 1-83.
下山晴彦　1992　大学生のモラトリアムの下位分類の研究：アイデンティティの発達との関連で 教育心理学研究40（2）121-129.
Smetana, J. G. 1981 Preshool children's conception of moral and social rules. *Child Development*, 52 1333-1336
Smetana, J. G. 1984 Toddlers' social Interactions regarding moral and conventional transgressions *Child Development*, 55 1767-1776.
Smetana, J. G. 1985 Preshool children's conceptions of transgressions : Effects of vary-

ing moral and conventional domain-related attributes *Developmental Phychology*, 21 18-29.

Smetana, J. G., Bitz, B. 1996 Adolescenst's conceptions of teachers' authority and their relations to rule vaiolations in school. *Child Development*, 67, 1153-1172 .

Stoddart, T., Turiel, E. 1985 Children's concepts of cross-gender activities *Child Development*, 56 1241-1252.

首藤敏元 1992 領域特殊理論――チュリエル 日本道徳性心理学研究会編著 道徳性心理学 道徳教育のための心理学 北大路書房 133-144.

首藤敏元 1997 社会的規則に対する子どもの価値判断の発達 平成7-8年度科学研究費補助金（基盤研究（C））研究成果報告書（課題番号：07610113）63-74.

首藤敏元 1998 教師の社会的規則に関する領域概念 埼玉大学紀要教育学（Ⅰ）47, 1, 39-49.

首藤敏元 1999 児童の社会道徳的判断の発達 埼玉大学紀要教育科学（Ⅰ）48, 1, 75-88.

首藤敏元 2001 児童の性役割概念：社会的領域理論からのアプローチ 埼玉大学紀要教育学（Ⅰ）50, 1, 41-55.

首藤敏元・二宮克美共著 2003 子どもの道徳的自律の発達 風間書房.

首藤敏元・岡島京子 1986 子どもの社会的ルール概念 筑波大学心理学研究 8 87-98.

鈴木清 1946 道徳性の発達 測定と評価 第1巻第5号 日本文化科学社 176-180.

鈴木由美子 2005 児童の道徳的発達における「道徳」判断と「社会的慣習」判断との相互関係――「道徳」判断への「社会的慣習」判断の影響を中心に ――道徳教育方法研究第11号 日本道徳教育方法学会 41-50.

鈴木由美子・森川敦子 2005 児童における「社会的慣習」判断の基準に関する一考察 広島大学大学院教育学研究科紀要第一部 54 65-71.

滝充 1986 小中学生の「いじめ」行動に関する研究 ――規範意識との関わりを中心に―― 日本教育社会学会大会発表要旨集録 38 96-97.

Tisak, M. S. & Turiel, E. 1988 Variation in seriousness of transgressions and children's moral and social conventional concepts. *Developmental Psychology*, 24 352-357.

友枝敏雄 2003 高校生・高校教師の社会観と「新しい保守意識」友枝敏雄・鈴木謙編著 現代高校生の規範意識 九州大学出版会 129-148.

Triandis, H. C. 1995 *Individualism and collectivism*. 神山貴弥・藤原武弘編訳 2002 個人主義と集団主義：2つのレンズを通して読み解く文化 北大路書房

Turiel, E. 1978 The development of concepts social structure: Social convention. Glik, j.& Clark-Stewart, K. A. (Eds), *The development of social understanding.* New York : Gardner Press. 25-107.

Turiel, E. 1980 The development of social-conventional and moral concepts, in: *Moral Development and Socialization,* Allyn and Bacon.

Turiel, E. 1983 *The development of social knowledge Morality and convention* Cambridge University Press.

Turiel, E. 2002 *The culture of morality* Cambridge University Press.

Turiel, E. 2006 The development of morality. Eisenberg, N., Damon, W., Lerner, R. M. *Handbook of child psychology,* vol.3 Social, emotional, personality development. 789-857.

中央教育審議会答申　1998　新しい時代を拓く心を育てるために――次世代を育てる心を失う危機――

Weston, D. R., Turiel, E. 1980 Act-rule relations: children's concepts of social rules. *Developmental Phychology* 16 417-424.

吉田 富二雄　2001　心理測定尺度集Ⅱ サイエンス社　242-243.

吉岡昌紀　1985　道徳と対立する社会的慣習の是認に関する実験的研究 ―― Turielらによる規範の二分法の再検討―― 日本教育心理学会 第27回総会発表論文集 106-107.

資料編

資料Ⅰ-1

「社会的慣習」概念と「道徳」概念との区別，及び「状況依存性」に関する質問紙（研究1，研究2，研究3）

|　　　一　　　|　整理番号（みなさんは記入しないでください）

★このアンケートは，みなさんの考えを知るためのものです。せいせきには，全く関係ありません。人と相談したりせず，よく考えて，正直にこたえてください。

★アンケートの情報は統計的に処理し，みなさんに迷惑をかけることはありません。また決して外部に漏れることのないことをお約束いたします。

★問題文は，全部で7枚あります。先生に問題文を読んでもらいながら，「れい」を参考にして答えてください。特に次の点に注意してください。

★必ず全ての問題に答えてください。○をつけていない問題があったり，1つだけ○をつける問題でいくつかの答えに○をつけたりしていると，みなさんの協力がむだになることがあります。
★終わったら「つけわすれ」がないかよく確かめてください。

アンケートの前に必ず書いてください。

1．アンケートをした日：　　　　年　　　月　　　日

2．生年月日　西暦　　（　　　　年　　　月　　　日）

3．学校名，学年，組，性別　_____学校

（　　）年（　　）組（　　）番　　男　・　女

資料Ⅰ-1

<れい> 次のおはなしを読んで、しつもんにこたえてください。

> さやかさんの学校では、人をたたいたり、なぐったりしないことになっています。
> ある日、さやかさんは、同じクラスのゆみさんをたたいて泣かしました。

1．人をたたいたりなぐったりすることは、悪いことだと思いますか。
　　（　）の中に1つ○をしてください。

■■■■　　■■■□　　■■□□　　■□□□　　□□□□
(○)とても悪い・（　）少し悪い・（　）どちらとも・（　）あまり　・（　）ぜんぜん
　　　　　　　　　　　　　　　言えない　　悪くない　　悪くない

2．さやかさんのしたことについて、3：とても悪い、2：少し悪い、1：あまり悪くない、0：全然悪くないのどれか1つの番号に○をしてください。

（縦書き見出し：とても悪い／少し悪い／あまり悪くない／全然悪くない）

①さやかさんの学校には「人をたたいたりなぐったりしてはいけない」というきまりがあります。さやかさんがしたことは、悪いですか。悪くないですか。　　(③) 2　1　0

②さやかさんの学校には「人をたたいたりなぐったりしてはいけない」というきまりはありません。さやかさんのしたことは悪いですか。悪くないですか。　　(③) 2　1　0

③さやかさんは「人をたたいたりなぐったりしてはいけない」というきまりをみんなで話し合って「たたいたりしてもよい」と変えました。これは悪いですか。　　3　(②) 1　0

④さやかさんは「人をたたいたりなぐったりしてはいけない」というきまりをそのまま変えませんでした。きまりを変えなかったことは悪いですか。悪くないですか。　　3　2　1　(⓪)

⑤先生はさやかさんをおこりました。さやかさんのしたことは悪いですか。悪くないですか。　　(③) 2　1　0

⑥先生はさやかさんをおこりませんでした。さやかさんのしたことは悪いですか。悪くないですか。　　3　2　(①) 0

⑦さやかさんは日本の学校で人をたたいたりしました。さやかさんのしたことは悪いですか。悪くないですか。　　3　2　1　0

103

　　　　　　　　　　　　　　　　　　　全然悪くない
　　　　　　　　　　　　　　　　　あまり悪くない
　　　　　　　　　　　　　　　少し悪い
　　　　　　　　　　　　とても悪い

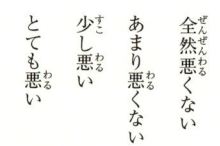

⑧さやかさんは転校していったよその国の学校で人をたたいたりなぐったりしました。さやかさんのしたことは悪いですか。悪くないですか。　　㊂ 2 1 0

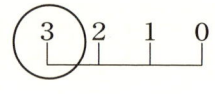

⑨さやかさんがそうしたのには，わけがありました。さやかさんのしたことは悪いですか。悪くないですか。　　3 2 ① 0

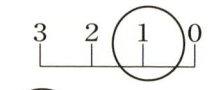

⑩さやかさんがそうしたのには，わけはありませんでした。さやかさんのしたことは悪いですか。悪くないですか。　　㊂ 2 1 0

3．わけがあれば，人をたたいたりなぐったりしてもしかたないと思いますか。どちらかに〇をしてください。

(1) わけがあればしてよい（　　　）(2) わけがあってもいけない（　　　）
　　　　　↓
「1」とこたえた人だけに聞きます。それは，どんな時ですか。
次の中からあてはまるものすべてを選んで，（　）の中に〇をしてください。

① (〇)　たたかないと相手から自分がたたかれたり，なぐられたりする時。
② (　)　しかえしとして，たたいたりなぐったりする時。
③ (　)　相手をたたいて泣かすとグループのリーダーになれる時。
④ (　)　相手が何も言わない時。
⑤ (　)　まわりの人たちが，何も言わない時。
⑥ (〇)　友だちを助けるために，ゆみさんをたたく時。
⑦ (　)　ふだんから，自分が人をたたいたりなぐったりしている時。
⑧ (〇)　ふだんからまわりの人たちが人をたたいたりなぐったりしている時
⑨ (　)　人をたたいたりなぐったりしたい気分だった時。
⑩その他（下のわくに，どんな時か書いてください。）

・親が悪いことをした子どもをたたくとき。
・おたがいにふざけあっていたとき。

<れい　小学生用>

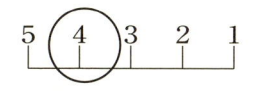

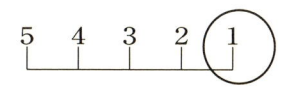

5．次の質問は，あなたが友だちの集まりの中でどのように行動しているかについての質問です。

それぞれの質問について，5：「とてもそう思う」4：「少しそう思う」3：「どちらともいえない」2：「あまりそう思わない」1：「全然そう思わない」のどれか1つの番号に○をしてください。

	とてもそう思う	少しそう思う	どちらともいえない	あまりそう思わない	全然そう思わない
①わたしは仲よしグループの友だちが「こうしてほしい」と思うように行動するべきだと思う。	5	④	3	2	1
②わたしは，たくさんの人たちの意見に合わせて，自分の意見を変えることはしない。	5	4	3	②	1
③わたしは，仲よしグループで決めたことを大切にする。	⑤	4	3	2	1
④わたしは，仲よしグループの友だちと意見を合わせるようにする。	5	④	3	2	1
⑤わたしは，仲よしグループの友だちがどう思おうと，自分のやり方でものごとを行う。	5	4	3	②	1
⑥わたしは，仲よしグループの友だちでも，まちがっていると思ったら注意する。	5	④	3	2	1
⑦わたしは，仲よしグループの友だちに認めてもらえなくても，自分の意見を変えない。	5	4	3	2	①

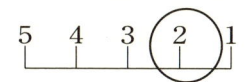

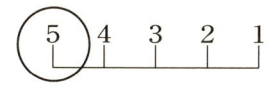

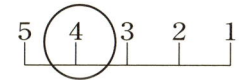

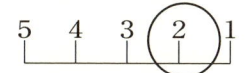

＜れい　中学生・高校生・大学生用＞

5．次の質問は，あなたが友だちの集まりの中でどのように行動しているかについての質問です。

それぞれの質問について，5：「とてもそう思う」4：「少しそう思う」3：「どちらともいえない」2：「あまりそう思わない」1：「全然そう思わない」のどれか1つの番号に〇をしてください。

①友人集団の仲間が望むように行動する必要がある。　5　④　3　2　1

②多数の人の意見に合わせて，自分の意見を変えることはない。　5　4　3　②　1

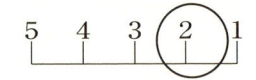

③自分の友人集団の決定を尊重する。　⑤　4　3　2　1

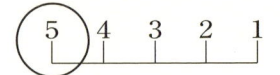

④友人集団の仲間と意見の不一致を生じないようにする。　5　④　3　2　1

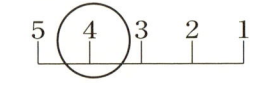

⑤友人集団の仲間がどう思おうと，自分のやり方でものごとを行う。　5　4　3　②　1

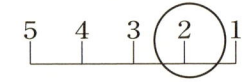

⑥自分の友人集団でも，間違っていると思ったらそれを注意する。　5　④　3　2　1

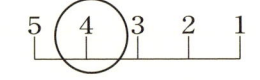

⑦友人集団の仲間に支持されなくても，自分の意見を変えない。　5　4　3　2　①

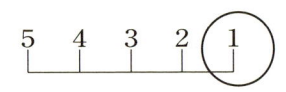

資料 I-1

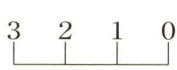

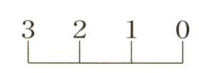

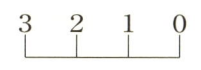

1. 次のおはなしを読んで、しつもんにこたえてください。

> しずかさんの学校では、人に向かって物を投げないことになっています。
> ある日、しずかさんは、けいこさんに向かって砂を投げました。

1. 人に向かって物を投げることは、悪いことだと思いますか。
   （ ）の中に1つ○をしてください。

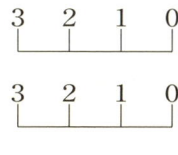

   ■■■■　　　■■■□　　　■■□□　　　■□□□　　　□□□□
   （ ）とても悪い・（ ）少し悪い・（ ）どちらとも・（ ）あまり　・（ ）ぜんぜん
   　　　　　　　　　　　　　　　　　　言えない　　　悪くない　　　悪くない

2. しずかさんのしたことについて、3：とても悪い、2：少し悪い、1：あまり悪くない、0：全然悪くないのどれか1つの番号に○をしてください。

	とても悪い	少し悪い	あまり悪くない	全然悪くない
①しずかさんの学校には「人に向かって物を投げてはいけない」というきまりがあります。しずかさんがしたことは、悪いですか。悪くないですか。	3	2	1	0
②しずかさんの学校には「人に向かって物を投げてはいけない」というきまりはありません。しずかさんのしたことは悪いですか。悪くないですか。	3	2	1	0
③しずかさんは「人に向かって物を投げてはいけない」というきまりをみんなで話し合って「投げてもよい」と変えました。これは悪いですか。悪くないですか。	3	2	1	0
④しずかさんは「人に向かって物を投げてはいけない」というきまりをそのまま変えませんでした。しずかさんがきまりを変えなかったことは悪いですか。悪くないですか。	3	2	1	0
⑤先生はしずかさんをおこりました。しずかさんのしたことは悪いですか。悪くないですか。	3	2	1	0
⑥先生はしずかさんをおこりませんでした。しずかさんのしたことは悪いですか。悪くないですか。	3	2	1	0
⑦しずかさんは日本の学校で人に向かって物を投げました。しずかさんのしたことは悪いですか。悪くないですか。	3	2	1	0

	全然悪くない	あまり悪くない	少し悪い	とても悪い

⑧しずかさんは転校していったよその国の学校で人に向かって物を投げました。しずかさんのしたことは悪いですか。悪くないですか。　　3　2　1　0

⑨しずかさんがそうしたのには，わけがありました。しずかさんのしたことは悪いですか。悪くないですか。　　3　2　1　0

⑩しずかさんがそうしたのには，わけはありませんでした。しずかさんのしたことは悪いですか。悪くないですか。　　3　2　1　0

3．わけがあれば，人に向かって砂を投げてもしかたないと思いますか。どちらかに○をしてください。

(1) わけがあればしてよい（　　）　　(2) わけがあってもいけない（　　）

↓

「1」とこたえた人だけに聞きます。それは，どんな時ですか。
次の中からあてはまるものすべてを選んで，（　　）の中に○をしてください。

① （　） 相手からぼう力をふるわれそうな時。
② （　） しかえしとして，砂を投げる時。
③ （　） 砂を投げると相手が言うことを聞く時。
④ （　） 相手が，何も言わない時
⑤ （　） まわりにいる人たちが，何も言わない時
⑥ （　） 友だちを助ける時。
⑦ （　） 自分が，ふだんから人に物を投げている時。
⑧ （　） まわりにいる人たちも，ふだんから人に物を投げている時
⑨ （　） 人に物を投げたい気分だった時。
⑩その他（下のわくに，どんな時か書いてください。）

資料 I-1

2．次のおはなしを読んで，しつもんにこたえてください。

> あけみさんの学校では公園や広場にゴミをちらかさないことになっています。
> ある日，あけみさんは公園に遊びに行き，ゴミをちらかしたまま帰りました。

1．公園や広場などにゴミをちらかすことは，悪いことだと思いますか。
　（　）の中に1つ○をしてください。

■■■■　　■■■　　■■□　　■□□　　□□□□
（　）とても悪い・（　）少し悪い・（　）どちらとも・（　）あまり　・（　）ぜんぜん
　　　　　　　　　　　　　　　　　　　　言えない　　　　悪くない　　　　悪くない

2．あけみさんのしたことについて，3：とても悪い，
　　2：少し悪い，1：あまり悪くない，0：全然悪くないのどれか1つの番号に○をしてください。

　　　　　　　　　　　　　　　　　　　　　とても悪い　少し悪い　あまり悪くない　全然悪くない

① あけみさんの学校には「公園や広場にごみをちらかしてはいけない」というきまりがあります。あけみさんがしたことは悪いですか。悪くないですか。　　3　2　1　0

② あけみさんの学校には「公園や広場にごみをちらかしてはいけない」というきまりはありません。あけみさんのしたことは悪いですか。悪くないですか。　　3　2　1　0

③ あけみさんは「公園や広場にごみをちらかしてはいけない」というきまりをみんなで話し合って「ちらかしてもよい」と変えました。これは悪いですか悪くないですか。　　3　2　1　0

④ あけみさんは「公園や広場にごみをちらかさない」というきまりをそのまま変えませんでした。あけみさんがきまりを変えなかったことは悪いですか。悪くないですか。　　3　2　1　0

⑤ 先生は，あけみさんをおこりました。
　あけみさんのしたことは悪いですか。悪くないですか。　　3　2　1　0

⑥ 先生は，あけみさんをおこりませんでした。
　あけみさんのしたことは悪いですか。悪くないですか。　　3　2　1　0

⑦ あけみさんは日本の公園でごみをちらかしました。
　あけみさんのしたことは悪いですか。悪くないですか。　　3　2　1　0

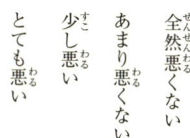

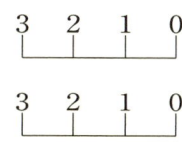

全然悪くない　あまり悪くない　少し悪い　とても悪い

⑧あけみさんは転校していったよその国の公園でごみをちらかしました。あけみさんのしたことは悪いですか。悪くないですか。　　3　2　1　0

⑨あけみさんがそうしたのには、わけがありました。あけみさんのしたことは悪いですか。悪くないですか。　　3　2　1　0

⑩あけみさんがそうしたのには、わけはありませんでした。あけみさんのしたことは悪いですか。悪くないですか。　　3　2　1　0

3．わけがあれば、公園や広場にごみをちらかしてもしかたないと思いますか。どちらかに○をしてください。

(1) わけがあればしてよい（　　）　　(2) わけがあってもいけない（　　）
　　　　↓

「1」とこたえた人だけに聞きます。それは、どんな時ですか。
次の中からあてはまるものすべてを選んで、（　　）の中に○をしてください。

① （　）　不審な人から、逃げる時。
② （　）　しかえしとして、ゴミをちらかす時。
③ （　）　ゴミをちらかすと、自分がゴミを持って帰らなくてすむ時。
④ （　）　公園の管理人さんが、何も言わない時
⑤ （　）　まわりの人たちが、何も言わない時
⑥ （　）　友だちのゴミを捨ててあげる時。
⑦ （　）　自分が、ふだんからゴミをちらかしている時。
⑧ （　）　まわりにいる人たちも、ゴミをちらかしている時
⑨ （　）　公園や広場にゴミをちらかしたい気分だった時。
⑩　その他（下のわくに、どんな時か書いてください。）

3．次のおはなしを読んで，しつもんにこたえてください。

> ゆうこさんの学校では，交通ルールを守ることになっています。
> ある日，ゆうこさんは，赤信号のままで道路をわたりました。

1．赤信号のままで道路をわたることは，悪いことだと思いますか。
　（　）の中に1つ○をしてください。

■■■■　　■■■□　　■■□□　　■□□□　　□□□□
（　）とても悪い・（　）少し悪い・（　）どちらとも・（　）あまり　・（　）ぜんぜん
　　　　　　　　　　　　　　　　　　　言えない　　　悪くない　　　悪くない

2．ゆうこさんのしたことについて，3：とても悪い，
　2：少し悪い，1：あまり悪悪くない，0：全然悪くないのどれか1つの番号に○をしてください。

	とても悪い	少し悪い	あまり悪くない	全然悪くない

①ゆうこさんの学校には「赤信号でわたらない」というきまりがあります。
　ゆうこさんがしたことは悪いですか。悪くないですか。　　3　2　1　0

②ゆうこさんの学校には「赤信号でわたらない」というきまりはありません。
　ゆうこさんのしたことは悪いですか。悪くないですか。　　3　2　1　0

③ゆうこさんは「赤信号でわたらない」というきまりをみんなで話し合って「わたってもよい」と変えました。
　これは悪いですか。悪くないですか。　　3　2　1　0

④ゆうこさんは「赤信号でわたらない」というきまりをそのまま変えませんでした。ゆうこさんがきまりを変えなかったことは悪いですか。悪くないですか。　　3　2　1　0

⑤先生は，ゆうこさんをおこりました。
　ゆうこさんのしたことは悪いですか。悪くないですか。　　3　2　1　0

⑥先生は，ゆうこさんをおこりませんでした。
　ゆうこさんのしたことは悪いですか。悪くないですか。　　3　2　1　0

⑦ゆうこさんは日本の道路を赤信号でわたりました。
　ゆうこさんのしたことは悪いですか。悪くないですか。　　3　2　1　0

	全然悪くない	あまり悪くない	少し悪い	とても悪い

⑧ゆうこさんは転校していったよその国の道路を赤信号でわたりました。ゆうこさんのしたことは悪いですか。悪くないですか。　　3　2　1　0

⑨ゆうこさんがそうしたのには，わけがありました。
　ゆうこさんのしたことは悪いですか。悪くないですか。　　3　2　1　0

⑩ゆうこさんがそうしたのには，わけはありませんでした。
　ゆうこさんのしたことは悪いですか。悪くないですか。　　3　2　1　0

3．わけがあれば，赤信号でわたってもしかたないと思いますか。
　　どちらかに○をしてください。

（1）わけがあればしてよい（　　）　　（2）わけがあってもいけない（　　）
　　　↓
「1」とこたえた人だけに聞きます。それは，どんな時ですか。
次の中からあてはまるものすべてを選んで，（　　）の中に○をしてください。

① （　）　不審な人から逃げる時。
② （　）　しかえしとして，赤信号でわたる時。
③ （　）　赤信号で渡ると早く家に帰られる時。
④ （　）　友だちを助ける時。
⑤ （　）　自分が，ふだんから赤信号でわたっている時。
⑥ （　）　まわりにいる人たちも，ふだんから赤信号でわたっている時。
⑦ （　）　警察の人が，迷惑だと思っていない時
⑧ （　）　まわりにいる人たちが，迷惑だと思っていない時
⑨ （　）　赤信号でわたりたい気分だった時。
⑩　その他（下のわくに，どんな時か書いてください。）

資料 I-1

4. 次のおはなしを読んで、しつもんにこたえてください。

> ゆかりさんの学校では、人のいやがることを言わないことになっています。
> ある日、ゆかりさんは、えみさんがいやがることを言いました。

1. 人のいやがることを言うことは、悪いことだと思いますか。
   ( )の中に1つ○をしてください。

   ■■■■　　■■■□　　■■□□　　■□□□　　□□□□
   ( )とても悪い・( )少し悪い・( )どちらとも・( )あまり　・( )ぜんぜん
   　　　　　　　　　　　　　　　言えない　　　悪くない　　　悪くない

2. ゆかりさんのしたことについて、3：とても悪い、2：少し悪い、1：あまり悪くない、0：全然悪くないのどれか1つの番号に○をしてください。

	とても悪い	少し悪い	あまり悪くない	全然悪くない
①ゆかりさんの学校には「人のいやがることを言ってはいけない」というきまりがあります。ゆかりさんがしたことは、悪いですか。悪くないですか。	3	2	1	0
②ゆかりさんの学校には「人のいやがることを言ってはいけない」というきまりはありません。ゆかりさんのしたことは悪いですか。悪くないですか。	3	2	1	0
③ゆかりさんは「人のいやがることを言ってはいけない」というきまりをみんなで話し合って「言ってもよい」と変えました。これは悪いですか。悪くないですか。	3	2	1	0
④ゆかりさんは「人のいやがることを言ってはいけない」というきまりをそのまま変えませんでした。ゆかりさんがきまりを変えなかったことは悪いですか。悪くないですか。	3	2	1	0
⑤先生はゆかりさんをおこりました。ゆかりさんのしたことは悪いですか。悪くないですか。	3	2	1	0
⑥先生はゆかりさんをおこりませんでした。ゆかりさんのしたことは悪いですか。悪くないですか。	3	2	1	0
⑦ゆかりさんは日本の学校で人のいやがることを言いました。ゆかりさんのしたことは悪いですか。悪くないですか。	3	2	1	0

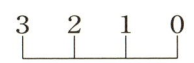

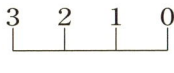

全然悪くない
あまり悪くない
少し悪い
とても悪い

⑧ゆかりさんは転校していったよその国の学校で人のいやがることを言いました。ゆかりさんのしたことは悪いですか悪くないですか。　　3　2　1　0

⑨ゆかりさんがそうしたのには，わけがありました。ゆかりさんのしたことは悪いですか。悪くないですか。　　3　2　1　0

⑩ゆかりさんがそうしたのには，わけはありませんでした。ゆかりさんのしたことは悪いですか。悪くないですか。　　3　2　1　0

3．わけがあれば，人のいやがることを言ってもしかたないと思いますか。どちらかに○をしてください。

<u>(1) わけがあればしてよい（　　）</u>　　(2) わけがあってもいけない（　　）
　　↓

「1」とこたえた人だけに聞きます。それは，どんな時ですか。
次の中からあてはまるものすべてを選んで，（　　）の中に○をしてください。

① （　） 相手から自分がいやがることを言われそうな時。
② （　） しかえしとして，いやがることを言う時。
③ （　） いやがることを言うと，相手が自分の言うことを聞く時。
④ （　） 相手が，何も言わない時
⑤ （　） まわりの人たちが，何も言わない時
⑥ （　） 友だちを助けるために言う時。
⑦ （　） 自分が，ふだんから人のいやがること言っている時。
⑧ （　） まわりの人たちが，ふだんから人のいやがることを言っている時
⑨ （　） 人のいやがることを言いたい気分だった時。
⑫ その他（下のわくに，どんな時か書いてください。）

```
┌─────────────────────────────────────────┐
│                                         │
│                                         │
│                                         │
│                                         │
└─────────────────────────────────────────┘
```

資料Ⅰ-1

＜集団主義尺度(小学生用)＞

5．次の質問は，あなたが友だちの集まりの中でどのように行動しているかについての質問です。

それぞれの質問について，5：「とてもそう思う」 4：「少しそう思う」 3：「どちらともいえない」 2：「あまりそう思わない」 1：「全然そう思わない」のどれか1つの番号に○をしてください。

	とてもそう思う	少しそう思う	どちらともいえない	あまりそう思わない	全然そう思わない
①わたしは仲よしグループの友だちが「こうしてほしい」と思うように行動するべきだと思う。	5	4	3	2	1
②わたしは，たくさんの人たちの意見に合わせて，自分の意見を変えることはしない。	5	4	3	2	1
③わたしは，仲よしグループで決めたことを大切にする。	5	4	3	2	1
④わたしは，仲よしグループの友だちと意見を合わせるようにする。	5	4	3	2	1
⑤わたしは，仲よしグループの友だちがどう思おうと，自分のやり方でものごとを行う。	5	4	3	2	1
⑥わたしは，仲よしグループの友だちでも，まちがっていると思ったら注意する。	5	4	3	2	1
⑦わたしは，仲よしグループの友だちに認めてもらえなくても，自分の意見を変えない。	5	4	3	2	1

<集団主義尺度(中学生・高校生・大学生用)>

5．次の質問は，あなたが友だちの集まりの中でどのように行動しているかについての質問です。

それぞれの質問について，5：「とてもそう思う」 4：「少しそう思う」 3：「どちらともいえない」 2：「あまりそう思わない」 1：「全然そう思わない」のどれか1つの番号に○をしてください。

	とてもそう思う	少しそう思う	どちらともいえない	あまりそう思わない	全然そう思わない
①友人集団の仲間が望むように行動する必要がある。	5	4	3	2	1
②多数の人の意見に合わせて，自分の意見を変えることはない。	5	4	3	2	1
③自分の友人集団の決定を尊重する。	5	4	3	2	1
④友人集団の仲間と意見の不一致を生じないようにする。	5	4	3	2	1
⑤友人集団の仲間がどう思おうと，自分のやり方でものごとを行う。	5	4	3	2	1
⑥自分の友人集団でも，間違っていると思ったらそれを注意する。	5	4	3	2	1
⑦友人集団の仲間に支持されなくても，自分の意見を変えない。	5	4	3	2	1

資料 I - 2

「社会的慣習」概念の発達モデル予備調査における
質問内容（研究4）

＊ここには何も書かないでください。

――― 男・女 ―――

社会生活に関する調査

○このアンケートは，社会生活に対するみなさんの考えを知るためのものです。成績には全く関係ありませんので，人と相談したりせず，よく考えて，正直に答えてください。

○アンケート用紙は，全部で5枚あります。質問をよく読み，回答例を参考にしながら答えてください。

○アンケートの情報は統計的に処理し，みなさんに迷惑をかけることはありません。また，決して外部に漏れることのないことをお約束いたします。

○このアンケートの答えについて，さらに詳しいインタビューをさせていただくことがあるかもしれません。その時にはご協力くださるようお願いします。

アンケートの前に必ず書いてください。

1．アンケート実施日　　　　　　　年　　　　月　　　　日

2．生年月日　西暦　　　　　（　　　年　　　月　　　　日）

　　　　　　　　　　　　　　　　　　　　　　　　歳　　　ヶ月

3．学年，性別，名前

　　　　＿＿＿学　　年　　　　　男　・　女（○をしてください）

　　　　名　前＿＿＿＿＿＿＿＿＿＿＿＿＿＿＿＿＿＿＿

資料Ⅰ-2

<回答例>

| 例 | はるきくんは看護師さんで，病院で働いています。ある日，はるきくんは，髪を茶髪に染めて仕事に行きました。 |

1	看護師が髪を茶髪に染めて仕事に行くのはよいですか。	ⓨい	よくない
	それはなぜですか。 　髪が茶髪でも看護師の仕事がちゃんとできれば関係ないから。		
2	茶髪にしないといじわるをされそうならしてもよいですか。	ⓨい	よくない
	それはなぜですか。 　人から嫌がらせをされるなら茶髪にしても仕方ない。		
3	友だちに髪を染めてほしいと頼まれたならよいですか。	よい	ⓨくない
	それはなぜですか。 　この場合，友だちや他の人の考えは関係ないと思う。		
4	その他，看護師さんが髪を茶髪に染めて仕事に行ってもよい時がありますか。 ＊もしあれば，してよい時とその理由を書いてください。 　なければ空欄でよいです。 またそれはなぜですか。		

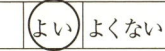

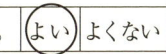

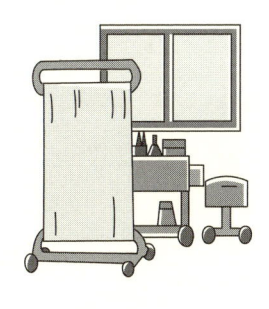

119

| 1 | ゆうこさんが通る道には，信号機のある場所があります。
ある日，ゆうこさんは，赤信号のときに道路を渡りました。 |

1	赤信号のときに道路を渡るのはよいですか。	よい	よくない
	それはなぜですか。		

2	だれかに追いかけられている時なら渡ってもよいですか。	よい	よくない
	それはなぜですか。		

3	友だちを助けるために赤信号で渡るのはよいですか。	よい	よくない
	それはなぜですか。		

4	その他，赤信号のときに道路を渡ってもよいときがありますか		
	それはなぜですか。		

資料Ⅰ-2

2 ゆきさんは，学校で先生のことを「山田先生」と呼ばないで「山ちゃん」というニックネームで呼びました。

1	ゆきさんは先生を「山ちゃん」とニックネームで呼んでよいですか。	よい	よくない
	それはなぜですか。		
2	ニックネームで呼ばないと，いじめられそうならニックネームで呼んでもよいですか。	よい	よくない
	それはなぜですか。		
3	友だちのために，先生をニックネームで呼ぶのならよいですか。	よい	よくない
	それはなぜですか。		
4	その他，先生をニックネームで呼んでよいときがありますか。また，それはなぜですか。		

3	ある日,こうじくんは知り合いの結婚式に呼ばれました。こうじくんは,スポーツウエアで結婚式に参加しました。

1	スポーツウエアで結婚式に参加するのはよいですか。	よい	よくない
	それはなぜですか。		

2	スポーツウエアを着ないと,いじわるをされそうならよいですか。	よい	よくない
	それはなぜですか。		

3	結婚式に参加する友だちに,着てほしいと頼まれたのならよいですか。	よい	よくない
	それはなぜですか。		

4	その他,スポーツウエアで結婚式に行ってもよいときがありますか。またそれはなぜですか。

資料Ⅰ-2

|4| ある日，さゆりさんが駅に行くと，電車を待っている人たちが並でいました。電車が来た時，さゆりさんはみんなが並でいる列に割り込んで，順番をぬかしました。

1	みんなが並んでいる列に割り込むのはよいですか。	よい	よくない
	それはなぜですか。		

2	割り込みをしないといじわるをされそうだったらよいですか。	よい	よくない
	それはなぜですか。		

3	友だちのために席を取ってあげるためなら，割り込んでよいですか。	よい	よくない
	それはなぜですか。		

4	その他，電車を待っている列に割り込んでもよいときがありますか。また，それはなぜですか。

5	ある日、あい子さんは、バスに乗りました。そして、バスの中で携帯電話を使って長話をしました。		

1	①バスの中で携帯電話を使って長話をするのはよいですか。	よい	よくない
	それはなぜですか。		
2	電話しないと自分がいじわるをされそうだったらよいですか。	よい	よくない
	それはなぜですか。		
3	友だちの相談に乗ってあげているときならよいですか。	よい	よくない
	それはなぜですか。		
4	その他、してもよいときがありますか。また、それはなぜですか。		

124

資料Ⅱ

規範意識を育成するための道徳授業の実際

Ⅰ 小学校低学年の道徳授業

1 つぶれた花（1-(4) 勇気・正直）の実践事例
2 どっちにすればいいの（2-(3) 信頼・友情）の実践事例

Ⅱ 小学校中学年の道徳授業

1 まいごのポチ（3-(2) 動物愛護）の実践事例
2 順番の実践（4-(1) 規則の尊重，公徳心）の実践事例

Ⅲ 小学校高学年の道徳授業

1 バスケットボール大会と保健委員会（4-(3) 役割・責任）の実践事例
2 行列のできるケーキ屋さん（4-(1) 規則の尊重）の実践事例

Ⅰ　小学校低学年の道徳授業

　小学校低学年の時期は，自己の利害を守るものとして「社会的慣習」を肯定する段階である。そのため，この時期には，正しいことやよいことをすることは，自己の利害を超えて，相手のためにもなるということに気付かせながら，してよいことやしてはいけないことを繰り返し，具体的に教えていく必要がある。
　ここでは，子どもたちの道徳判断に影響を与えていると考えられる人間関係を取り上げ，よりよい判断や人間関係について考えさせる2つの道徳授業「つぶれた花」と「どっちにすればいいの」の実践例を紹介する。

1　「つぶれた花」(1-(4)　勇気・正直)の実践事例
(1) 資料名　つぶれた花（森川敦子作）
(2) 内容項目　勇気をもって正直に1-(4)　勇気・正直
　　関連項目1-(3) 善悪の判断，2-(3) 信頼・友情，
(3) ねらいとする価値について
　物事の善し悪しを的確に判断し，正直で誠実な行動をしていくことは，人として生きていく上で非常に大切なことである。また，自分自身の行動に対してだけでなく，友だちの行動についても善悪を見極め，誠実な行動をしていくことは，よりよい交友関係を築いていく上でも大切なことである。そのため，低学年のうちから，正直に生きることの大切さやすばらしさについては，繰り返し取り上げ，児童に実感させることが必要である。
(4) 児童の実態
　低学年の児童は，入学以来，徐々に交友関係も広がり，複数の友だちと仲よく遊んだり勉強したりできるようになってくる。しかしその反面，仲のよい友達の影響を受けやすく，友達につられて決まりを破ってしまったり，友達への思いが判断基準になってしまったりする面も見られる。
　この時期の児童の道徳的判断の傾向としては，教師や親の言うことに敏感で「先生が怒るから」「親に言われたから」という段階の児童が大半と考えられる。したがって，「正直に言うとお互いに気持ちがすっきりする」，「正直に言うことは自分のためにも友達のためにもなる」等のより自律的な判断ができるようにしていく必要がある。

(5) 指導観

　本資料は，級友の植木鉢を過ってこわしてしまった親友から，そのことを言わないでほしいと頼まれた主人公ピョンタが「正直」と「友情」の価値間で葛藤する話である。本資料は，実話を元に資料化した題材であり，児童には身近でわかりやすい内容だと考えられる。

　児童の考えを深めさせるため，本授業では，主人公ピョンタの葛藤を中心的に扱う。まず，資料提示においては，黒板に絵を貼りながら教師が語り聞かせたりするなどし，話の状況設定やピョンタの葛藤状況が児童にしっかりと理解できるようにする。そして，中心発問の部分では，ピョンタのとるべき行動とその理由を考えさせたり，ピョンタが悩む理由を考えさせたりしながら，児童の考えを深めていくようにする。その際，児童が建前の発言だけでなく本音を語ることができるよう，切り返しやゆさぶりの補助発問を行ったり，教師自身が児童の発言を共感的に受け止めたりしながら開かれた雰囲気をつくるようにする。特に「言うべき」に意見が偏り，建前的な意見が多く出される場合には，「仲良しの友達だったら先生も迷うかもしれない。みんなはどう？」「正直に言うことがいいはずなのに，ピョンタくんはなぜ迷うの等の補助発問を行いよりよい判断について考えを深めさせるようにする。

　展開後段では，葛藤を乗り越え正直に行動した主人公について考えさせることを通して，勇気を持って正直に行動することのすばらしさを実感させるとともに，的確な善悪判断や正直な行為は，自分のためだけでなく相手のためにもなり，そのことがよりよい友達関係をつくることにもつながるということに気付かせたい。

(6) 本時のねらい

　過ちを素直に認めることや過ちをおかした友人に対して助言できる大切さに気付き，うそをついたりごまかしたりしないで正直に行動しようとする判断力や心情を育てる。

(7) 準備物

　花の鉢，じょうろ，登場人物のイラスト，ワークシート

(8) 学習過程

段階	学習活動	主な発問と児童の心の動き	支援
導入	1. 花を植えた時の気持ちや水をやるときの気持ちを発表し合う。	○植えた時どんな気持ちでしたか？どんな言葉をかけながら水をやっていますか？ ・早く大きくなってね。 ・きれいな花を咲かせてね。 ・しっかりお世話しよう。	◎児童がねずみ君の思いに共感できるよう，実物の鉢を使い，水やりの動作をさせながら思いを発表させる。

展開前段	2. 資料前段を聞き，ピョンタはどうするべきか話し合う。	○ねずみ君は，ボロボロになった花を見たときどんな気持ちだったのでしょう。 ・大切にしていたのに，ひどい，悲しい。 ・だれがこんなことをしたのか。 ・あやまってほしい。 ○くま君はなぜ「言わないで」と言ったのでしょう。もし言ったらどう思うでしょう。 ・先生やみんなにおこられる。 ・みんなに悪い子だと思われる。 ◎ピョンタは，くま君が花をつぶしたことを言う方がよいのでしょうか，言わない方がよいのでしょうか。それは，なぜですか。 ＜言う＞ ・後でわかると，おこられる。 ・ねずみくんがかわいそう。 ・正直に言うと，すっきりする。 ＜言わない＞ ・くまくんにいじわるされる。 ・くまくんにきらわれる。 ・仲よしのくまくんがかわいそう。	◎子どもたちが資料の内容を理解しやすいよう，資料は教師の語りとイラスト提示によって進める。 ◎ピョンタの葛藤を引き出すため，吹き出しを使い，ねずみ君とくま君両者の気持ちを押さえる。 ◎意見を出しやすいよう，ワークシートにとるべき行動とその理由を書かせてから，発表させる。 ◎机間指導を行い，判断の傾向を把握したり書きにくい子どもへの助言を行ったりする。
展開後段	3. 資料の後段を聞き，感想を発表する。	○ピョンタくんは，くまくんにアドバイスして，みんなに本当のことを話しましたが，ピョンタくんのしたことをみなさんはどう思いましたか？	◎ピョンタの判断について，自分と比べながら感想を発表させる。
終末	4. 今日の学習の感想やピョンタくんへの手紙を書き，交流し合う。	○今日の学習をして，心に残ったことやピョンタくんに伝えたいことをお手紙に書きましょう。 ○書いた手紙を発表しましょう。	◎児童が思いを書きやすいように，手紙形式にする。 ◎机間指導を行い，手紙を書きにくい子どもへの助言を行ったりする。

(9) 資料　つぶれた花（森川敦子作）

＜前半＞
　キンコンカンコーン。ここは，山の動物小学校，大休憩がはじまりました。
「元気に外で遊んでおいで。でも，花の水やりもわすれずにね。」
羊先生が優しく言いました。うさぎのピョンタは，くまくんと一緒にボールを持って，外にとび出しました。ピョンタとくまくんは，大のなかよし。ピョンタくんは，自分が困っている時にいつも助けてくれるやさしいくまくんが大好きなのでした。
「くま君。ぼく，朝水やりしてないから先に花の水やりするね。」「うん，いいよ，ピョンタ君。ぼくここで待っているから。」
　ピョンタが水やりをしていると，後ろの方で「わあー。ドン！」叫び声と音がしました。ピョンタが振り返ると，くまくんのけったボールがねずみ君の鉢に当たり，花の花がぐちゃぐちゃにつぶれています。
「ピョンタ君どうしよう。ぼくのせいでこんなになっちゃった。」くま君が，真っ青な顔で言いました。まわりには，誰もいません。誰にも見られていないようでした。
「ネズミ君と先生にちゃんとわけを話してあやまろうよ。」ピョンタはくま君に言いました。「うーん。でも，こんな所でボールけりしてたから，先生にすごくおこられちゃう。それに，大切な花をだめにしちゃって，ねずみ君だっておこるよ。どうしよう…。そうだ。誰も見ていないから，ピョンタ君，ぼくがやったこと，お願いだからだまっていてくれないか。ね。頼むよ。ぼくの一番の友だちでしょう。」くま君は，泣きそうな顔でピョンタに頼みました。
　そのうちに，子どもたちが集まってきました。「ねずみ君の鉢がぼろぼろだ。ひどい。だれがやったの？」「上級生かな。」回りは大騒ぎになりました。「毎日大切に育ててきたのに…ひどい。」ねずみ君は，とうとう泣き出してしまいました。
「ねえ，くま君，だれがやったかしらないの？」子どもたちが言いました。くま君は，「知らないよ。見たらこんなになってたんだよ。」ととぼけました。すると今度は，ピョンタに尋ねました。「ねえ。ピョンタ君は，知っているんじゃないの？」
　ねずみ君は，鉢の前で泣いています。くま君は，（お願い，言わないで）という顔をしてピョンタを見ています。ピョンタは，くま君がやったことを言おうか，だまっていようか，まよってしまいました。

＜後半＞
　ピョンタは，しばらく考えていましたが，くま君の所に行くと，「くま君，わざとじゃないんだし，本当のことを言って，ねずみ君にちゃんとあやまった方がいいよ。このままだったら，ねずみ君だって，かわいそうだよ。ぼくとくま君は，友だちだよ。だからこそ，ちゃんと正直に言ってほしいんだ。」とくま君の肩をたたきながら言いました。それを聞いたくま君は，「わかったよ。ちゃんと言うよ。ねずみ君，さっきは嘘ついて，ごめんね。本当は，ぼくがボールを当てちゃったんだ。大切にしていた花をだめにして本当にごめんね。」とあやまりました。その話を聞いた羊先生は，「くま君もピョンタ君も，よくごまかさないで本当のことを言えましたね。とてもりっぱですよ。」と2人をとてもほめてくれました。そして，ねずみ君にもまた，新しい花を植えてあげました。「ピョンタくん，どうもありがとう。」くまくんは，にっこりと笑いました。それから，ピョンタとくまくんは，前よりもっとなかよしになりました。

(10) 板書計画

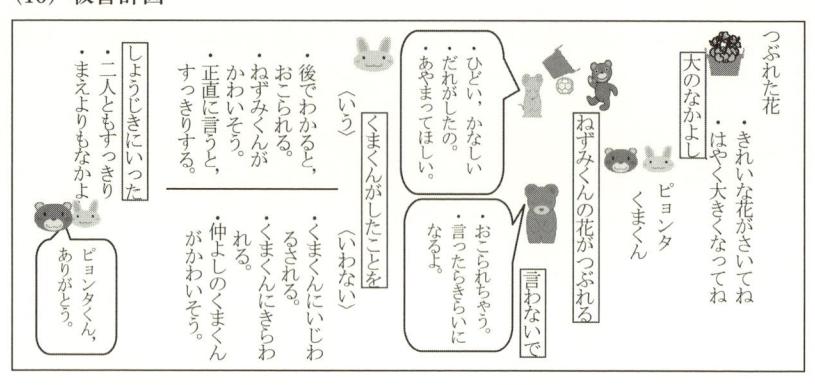

つぶれた花
・きれいな花がさいてね
・はやく大きくなってね

天のなかよし
ピョンタ　くまくん
ねずみくんの花がつぶれる

・ひどい、かなしい
・だれがしたの。
・あやまってほしい。

〈いう〉
・後でわかると、おこられる。
・ねずみくんがかわいそう。
・正直に言うと、すっきりする。

くまくんがしたことを
〈いわない〉
・くまくんにいじわるされる。
・くまくんにきらわれる。
・仲よしのくまくんがかわいそう。

・おこられちゃう。
・言ったらきらいになるよ。
言わないで

しょうじきにいった
・二人ともすっきり
・まえよりもなかよ

ピョンタくん、
ありがとう。

(11) 授業の様子

導入：水やりの時の気持ち

資料提示：語り聞かせ

語り聞かせを真剣に聞く子どもたち

主人公への手紙を書く子どもたち

資料Ⅱ

【ワークシート】

つぶれた花 -どうとく-

　月　日（　）　年　組（　　　　　　）

1　ピョンタは，くま君が花をつぶしたことを言う方がよいのでしょうか，言わない方がよいのでしょうか。それは，なぜですか。

だれがやったの？ひどい

おねがい。いわないで。

どうすればいいの？

言う方がよい　・　言わない方がよい
わけは，
からです。

2　今日の学習をして，心に残ったことやピョンタくんに伝えたいことをピョンタくんへのお手紙に書きましょう。

ピョンタくんへ

より

【児童の感想（ピョンタくんへの手紙）】

ピョンタくんへ
　ピョンタくん，くまくんにちゃんといいことをいって，ほんとうにかんどうしました。くまくんもしょうじきにいってえらいね。わたしもへんなことをしたことあるよ。ほんとうにえらいね。
先生もゆるしてくれてよかったね。ねずみくんにもおこられなくてよかったね。こんどピョンタくんにあいたいな。　　　　　　（小学1年　女児）

ピョンタくんへ
　ピョンタくんえらいね。だってえらいことをくまくんに，いいことばをいったんだもん。すごくいいね。きみってゆうきがあるんだ。ぼくはゆうきがないよ。きみのほうがうえだね。ピョンタくんは，どうしてそんなゆうきもったの。ぼくはそのゆうきのこころをみつけてないよ。もっとゆうきのこころをみつけたらいい。ピョンタくんきみはとくべつなこころをもっているんだね。　　　　　　　　　　　　　　　（小学1年　男児）

ピョンタくんへ
　ピョンタくんじぶんからすすんで，くまくんに「うそはいけないよ。いおうよ。」っていうなんてすごいよ。このことでとてもうれしかったことは，じぶんからいうなんてとってもりっぱなことだとおもいます。そのゆうきがすごいよ。くまくんよかったね。でも，いわれず，じぶんからすすんでいったらよかったのにっておもうよ。　　　　　（小学1年　女児）

2 「どっちにすればいいの」（2−(3) 信頼・友情）の実践事例
(1) 資料名　どっちにすればいいの（森川敦子作）
(2) 内容項目　友だちを増やそう　　2−(3) 信頼・友情
　　関連項目 4−(1) 約束やきまりの尊重，1−(4) 勇気
(3) ねらいとする価値について
　積極的に交友関係を広げながら，よりよい人間関係を築いていこうとすることは学齢期の子どもたちにとって大切なことである。特に，低学年の時期は他者意識が徐々に明確になり，これまでの狭い交友関係からより広い交友関係へと広がりを求めていく時期である。この時期を経て集団で遊んだり行動したりするいわゆる「ギャングエイジ」を迎え，思春期以降は，気の合う友人と質的に充実した関係を求める時期へと発達していく。小学校2年生の子どもたちに，決まった狭い交友関係だけでなく，ルールや約束ごとを守りながら，多くの人とかかわる楽しさや大切さを実感させることは，より幅広い豊かな交友関係や社会性を構築していくために必要なことと考える。
(4) 児童の実態
　本学級の子どもは，男女の仲もよく，明るくて活発な子どもが多い。学習の場面では，互いに協力し合いながら仲よく学習することもできる。
　しかし，2～3名程度の決まった友だちとしか遊ぼうとせず，固定的な交友関係にとどまったりしている子どもも多い。そのため，同じ友人とのトラブルを何度も繰り返し，悩んでいる子どももいる。また，休憩時間や放課後には，一方的な遊びの約束にしばられて，なかなか新しい友達と遊べない子どもや仲のよい友だちの目を気にするあまり，新たな友だちをつくることに消極的になってしまっている子ども，あるいは子ども同士のトラブルを避け，はじめから少人数で活動したがる子どももいる。
(5) 指導観
　本資料に登場するえりとまさみは，1年生のときからの仲よしの友だちである。えりはまさみが大好きだが，ときどき，まさみと2人だけでなく，たくさんの友だちとドッジボールなどのルールのある遊びをしたいと思うようになる。ある日，えりは隣のクラスのゆう子から，公園でのドッジボールに誘われる。えりはまさみも一緒に行こうと誘うが，まさみはこれまで通りえりと2人だけで遊ぶことを望む。ゆう子の誘いを受け，ゆう子たちと遊ぶべきか，これまで通りまさみとの友だち関係を大切にして2人で遊ぶべきか2つの気持ちの間で葛藤するえりであった。悩んだ末，えりはゆう子の誘いを受け，たくさんの友だちと一緒に遊ぶことを選ぶ。このゆう子たちとの出会いを通して，えりとまさみは，多く友だちと

かかわる楽しさや交友関係を広げるすばらしさに気づいていくという内容である。
　そのため，授業では，2人の誘いを受けて悩むえりの葛藤や交友関係が広がったときの気持ち等を考えさせることにより，積極的に交友関係を広げていく楽しさを感じさせるとともに，そのことが自分だけでなく相手のためになることに気付かせたい。
　資料提示において，読み聞かせを行う際には，子どもたちが資料の内容や登場人物の関係を視覚的にとらえることができるよう，登場人物のイラストやキーワードのテロップを活用しながら，板書をまとめていく。
　えりが葛藤する場面では資料の提示を一旦止め，えりのとるべき行動をしっかりと考えさせることができるようにする。そして，自分の思いを発表しやすいよう，予め自分の考えや判断理由をワークシートに書かせるようにする。その後，子ども相互あるいは子ども対教師による役割演技を行い，まさみとゆう子の間で悩むえりの葛藤をしっかり表現させるようにする。また，展開の後段でもワークシートを活用し，児童が道徳的価値について考えを深めることができるようにする。

(6) 本時のねらい
　少人数の決まった友だちと遊ぶだけでなく，多くの友だちと遊ぶことの楽しさや大切さに気づき，積極的に交友関係を広げていこうとする道徳的判断力や心情を育てる。

(7) 準備物
　板書用イラスト，　ワークシート，　役割演技用イラストボード

(8) 学習過程

段階	学習活動	主な発問と児童の心の動き	支　援
導入	1．友だちとのかかわりについて振り返る。	○友だちアンケートの結果を紹介します。 ・仲のよい友だちは何人いるか。 ・何人で遊ぶことが多いか。 ・何をして遊ぶことが多いか。 ・友だちになりたい人は何人くらいいるか。	◎事前に回収したアンケート結果を紹介したりクイズをしたりしながら，友だちについて振り返らせ，学習への導入を図る。
展開前段	2．資料の前段を聞き，えりの葛藤について考える。	○ゆう子に遊ぼうと誘われた時，えりはどんな気持ちだったでしょうか。 ・うれしいな。 ・どんな人かな。遊んでみたいな。 ○まさみに2人だけで遊びたいと言われたときの気持ち。	◎資料の内容を理解しやすいよう，資料は，教師の語りによって進める。 ◎えりの葛藤を理解できるよう，登場人

展開前段	3．えりのとるべき行為とその理由をワークシートに書き，役割演技で発表し合う。	・まさみちゃんとならけんかしないな。 ・断ったらまさみちゃんが悲しむかな。 ・たまには他の人と遊びたいな。 ◯えりは，ゆう子たちと遊ぶべきでしょうか。それともこれまで通りまさみと2人で遊ぶべきでしょうか。それはどうしてですか。 <ゆう子たちと遊ぶべき> ・ことわったらきらわれそうだから。 ・前から遊んでみたかったから。 ・新しい友だちが増えるから。 ・多くの友だちと遊ぶ方がよいから。 <まさみと2人で遊ぶべき> ・まさみにきらわれそうだから。 ・2人の方が気が楽だから。 ・まさみが1人になってかわいそうだから。	物の性格を押さえる。 ◎ワークシートを活用し，児童の考えをしっかりと深めさせる。 ◎児童と教師，あるいは児童同士で2つの立場に分かれて役割演技を行い，えりのとるべき行動や理由について考えさせる。 ◎話し合いの論点を整理しながら，子どもたちがより高い価値に気づくよう支援する。
展開後段	4．えりのとるべき行動について話し合い，最終判断とその理由をワークシートに書く。	◯話し合いでの意見を聞いて，もう一度考えましょう。 えりは，ゆう子たちと遊ぶべきでしょうか。それともこれまで通りまさみと2人で遊ぶべきでしょうか。それはどうしてですか。	◎友だちの意見を参考に，より説得性のある理由付けを記述させるようにする。
終末	5．後半資料を聞き，友だちについて考えたことを交流し合う。	◯お話の続きを聞いて，「お友だち」について思ったことや自分のお友だちについて考えたことを教えてください。 ・今日のお勉強をして，わたしもお友だちをたくさんつくりたいなあと思いました。 ・お友だちとのやくそくを大切にして，いいお友だちをたくさんつくりたいと思います。	◎資料の後段を紹介し，交友関係が広がった喜びを紹介する。 ◎交友関係を広げることに関する感想が出にくい場合は，教師が身近な事例を紹介し，道徳的価値への方向付けを行う。

(9) 資料　どっちにすればいいの（森川敦子作）

<前半資料>
　えりとまさみは2年生。1年生の時からの友だちで大のなかよしです。2年生になっても2人は同じクラスになり，えりもまさみもとても喜びました。えりとまさみは家が近くなので，学校に行くのも帰るのも一緒です。学校でも家に帰ってからもよく2人で遊びました。
　えりは外遊びが大好きな子です。特に，たくさんの友だちと鬼ごっこをしたり，ドッジボールをしたりするのが大好きでした。まさみはおとなしい女の子で，教室や家の中で絵を描いたりゲームをしたりするのが好きでした。まさみが外遊びがあまり好きではないので，ふたりが遊ぶときには，部屋で絵を描いたりゲームをしたりして遊ぶことが多いのでした。おとなしいまさみと2人でいると，えりはとても気が楽でした。けれども，ときどき多くの友だちと一緒に，外で鬼ごっこをしたりドッジボールをしたりして遊びたくなることもありました。
　そんなある日，えりは隣のクラスのゆう子から，「今日，公園でドッジボールをするんだけれど，えりちゃんも一緒に遊ぼうよ。みんなで待っているから，公園に来てね。」とドッジボールに誘われました。ゆう子とはこれまで一緒に遊んだことはなかったのですが，いつもたくさんの友だちと外で元気に遊ぶゆう子を見て，ゆう子たちとも遊んでみたいと思っていたのでした。えりはさっそくまさみに，ゆう子に遊びに誘われたことを話しました。そして，まさみも一緒に公園に行こうと誘いました。しかし，まさみはとても悲しそうな顔をして「わたしはえりちゃんといつものように2人だけで遊びたいな。たくさんの人とあそぶより2人だけの方が気が楽だよ。えりちゃんは2人で遊ぶのが嫌になったの。えりちゃんが他の人と遊んだらわたしは1人になっちゃうよ。これからも私と2人で遊んで。」と言いました。えりは，まさみの気持ちも大切にしてあげたいと思いました。でも，公園でたくさんの友だちとも遊んでみたい気持ちでした。えりはまさみと2人で遊ぶか，ゆう子たちと一緒に遊ぶか，どちらにするべきか迷ってしまいました。

<後半資料>
　えりはしばらく考えていましたが，「まさみちゃん。わたしやっぱり，ゆう子ちゃんたちと一緒に公園で遊ぶ。まさみちゃんのことは大好きだし，2人で遊ぶと気が楽で楽しいよ。でも，やっぱりたくさんのお友だちと遊ぶ方がいいと思うもの。公園で待ってるから，まさみちゃんにも公園に来てほしいな。きっと楽しいと思うよ。」と言いました。
　その日の放課後，公園には，ゆう子たちと楽しそうにドッジボールをするえりとまさみの姿がありました。最初は，少しとまどっていたまさみも，えりやゆう子たちにさそわれて一緒にドッジボールを楽しみました。それからというもの，えりとまさみは2人だけではなく，たくさんの友だちを誘って一緒に遊ぶのが大好きになりました。

（10）板書計画

ある日	まさみ	どっちにすればいいの？

まさみ：となりの組の なかよし
おとなしい　絵・ゲームがすき

ゆう子：元気　外遊びがすき　となりの組のたくさんの友だちとおにごっこやドッジボール

ある日　ゆう子からあそびにさそわれる
二人であそぶ時へやの中で絵やゲーム
公園でいっしょにドッジボールをしてあそぼう。

まさみと2人であそぶべき
- ことわったら、もうさそってくれないかもしれないから。
- いつも一人であそんでいるからさそったらよろこぶかもしれないから。
- いやがる方とむりにあそぶより気が合う方とあそぶ方がかんたんだから。
- 新しい友が外でふえるかもしれないから。

ゆう子たちとあそぶべき
- ことわったら、まさみに"けちっ"て言われて一人ぼっちになるから。
- 外で遊ぶ方が元気に遊べるから。
- くらい子より明るい子の方が好きだから。
- さいきん、ゆう子たちとしか遊んでないから。
- 一人の友だちより友だちがふえるからよい。

やっぱりゆう子ちゃんたちとあそぶ。二人だけであそぶより、たくさんの友だちとあそぶ方がいいと思うから。

それから　えりとまさみ、たくさんの友だちとあそぶようになった

（11）授業の様子

資料提示：語り聞かせ

役割演技をする児童たち

話し合いによる意見交流

ワークシートへの記述

資料Ⅱ

【ワークシート】

どっちにすればいいの NO.1 —どうとく—	どっちにすればいいの NO.2 —どうとく—
月日( ) 年 組 番( )	月日( ) 年 組 番( )
1．えりは，ゆう子たちとあそぶべきでしょうか？それとも，これまでどおり，まさみと2人であそぶべきでしょうか？また，それはどうしてですか？わけを書きましょう。	2．友だちの意見を聞いてもう一度考えましょう。えりは，ゆう子たちとあそぶべきでしょうか？それとも，これまでどおり，まさみと2人であそぶべきでしょうか？また，それはどうしてですか？わけを書きましょう。
ゆう子たちとあそぶべき ・ まさみとあそぶべき	ゆう子たちとあそぶべき ・ まさみとあそぶべき
(　　　　) とあそぶべきだよ。どうしてかというと	(　　　　) とあそぶべきだよ。どうしてかというと
からだよ。	からだよ。

【児童の感想（最終判断）】

> ゆう子たちと遊ぶべきだよ。
> どうしてかというと，たくさんの友だちができると，たのしくなれるし，まさみも，ゆう子たちとあそぶと，友だちがたくさんいるしなかよくできるからです。
> 　　　　　　　　　　　　　　　　　　　（小学2年　女児）

> ゆう子たちとあそぶべきだよ。
> どうしてかというと，外で，みんなで遊んだ方がいいし，たくさん友だちがいないとおとなになってこまるし，たいへんなときにたすけてくれる友だちもいなくなるからです。
> 　　　　　　　　　　　　　　　　　　　（小学2年　男児）

II 小学校中学年の道徳授業

　小学校中学年の時期は，「社会的慣習」に対しても他者意識が生じ，自己の利害よりも他者との良好な関係を保つために，相手の反応に応じて「社会的慣習」を否定する否定期にあたる。そのため，この時期には，自分と相手の双方にとってのよい考え方を吟味させながら，身近なきまりの意味をしっかりと考えさせることによって，次段階の考えにつながるきまり一般の意味に気づかせていくことが必要である。ここでは，きまりやマナーの意味と役割について考えを深めさせる2つの道徳授業「まいごのポチ」と「順番」の実践例を紹介する。

1　まいごのポチ（3-（2）動物愛護）の実践事例
(1) 資料名　　　まいごのポチ（森川敦子作，木村知子絵）
(2) 内容項目　動物を大切にする飼い主に　3-（2）動物愛護
　　　　　　　関連項目3-（1）生命尊重，2-（2）思いやり
(3) ねらいとする価値について
　犬やねこをはじめとするさまざまな動物たちにはそれぞれ生命がある。それらの生命は，わたしたち人間の生命と同様にかけがえのない尊いものである。しかし，ペットブームを背景とした動物の乱獲やペットの遺棄など，人間は自分たちの都合によって動物の生命を軽視し，尊いはずの生命をモノ扱いしていることも多い。また，動物のことをよく知らないまま，自分本位な接し方をして，動物をかわいがったつもりになっていることも少なくない。
　動植物や自然の声に耳を傾け，生き物を大切にしようとする心情を育てるとともに，生き物を大切にするためにも，一人一人が飼い主としてのルールやマナーを守り，責任のある飼い方をすることの大切さにも気付かせていきたい。
(4) 児童の実態
　本学級の児童は，明るく素直で人なつっこい面をもっている。昆虫や小動物が好きで進んで世話をしたがる児童も多い。これまでも，自然・動植物愛護に関する学習は行っているが，実際の飼育や世話の仕方を見ていると，動物のことをよく知らないまま，自分本位にかわいがっていたり，時間がたつと飽きが来て，継続した世話ができにくくなったりする面も見られる。
(5) 指導観
　本資料は，広島市動物管理センターの実態をもとにした，自作資料である。児

童が弱者である動物の立場に寄り添いながら資料を読みすすめていくことができるよう，子犬を主人公とした。主人公のポチは，ある日迷子になり動物管理センターに保護される。そこで，クロやおばあさん犬たちに出会い，動物管理センターや飼育放棄の実態を知っていく。授業では，児童があらすじを理解しやすいよう，資料を紙芝居にして提示する。展開では，ポチをさがし回って迎えに来る飼い主と自分たちの都合で飼育を放棄する飼い主を比較させながら，飼い主として守るべきルール・マナーや責任，愛情について考えさせるようにする。また，飼い主たちへの手紙を読み合う活動を設定し，思いを交流させ合うようにしたい。さらに展開後段では，センターの職員さんからの手紙を紹介し，動物を大切にしようとする意欲を高めるようにする。

(6) 本時のねらい

　動物管理センターにやってくる動物たちの実態やそこで働く人たちの思いを知り，責任のある飼い方をして，動物を大切にしようとする気持ちをもつ。

(7) 準備物

　動物の鳴き声のテープ，紙芝居，掲示用の絵，ワークシート，職員の手紙

(8) 学習過程

段階	学習活動	主な発問と児童の心の動き	支援
導入	1．動物管理センターの写真を見て感想を発表し合う。	○ここはどこでしょう？何をするところでしょう。 ・いろいろな手続きをするところかな。 ・お墓みたいなものがあるぞ。何かな。 ・掲示板がある。お知らせするところかな。	◎施設の写真を提示し，いろいろと想像させることによって，児童の学習意欲を高める。
展開前段	2．「まいごのポチ」の紙芝居を視聴し，犬たちがセンターにやってきたわけや飼い主たちについて考える。	○ポチたちはどうして，動物管理センターにやって来たのですか。 ・迷子になって。 ・夜泣いてうるさいから。 ・病気で手に負えないから。 ◎ポチはどんな気持ちでおばあさん犬のいた部屋を見つめていたのでしょう。 ・おばあさん犬がいなくなって悲しい。 ・飼い主は，ひどいな。	◎子どもたちが資料の内容を理解しやすいよう，資料は紙芝居風に提示する。 ◎ポチの心情に迫らせるため，ワークシートを活用し，ポチの言葉で考えさせる。

展開前段		・ぼくも連れて行かれるのかな。 ○センターの人は，どんな気持ちでおばあさん犬の部屋を見ていたのでしょう。 ・ひどい飼い主だ。 ・こんなかわいそうなことはしたくない。	◎飼い主の責任について考えを深めるさせるため，センターの人達の気持ちも実は，ポチと同様であることに気付かせる。
展開後段	3．飼い主への手紙を書く。	○クロ達の飼い主に伝えたいことを手紙に書きましょう。 ・早くクロを迎えに行って。 ・動物を飼う時は最期までちゃんと飼って。 ・無責任な飼い方は絶対にダメだよ。	◎飼い主への思いをしっかりと表現させるため，自分が書きたい飼い主を選んで書かせるようにする。
終末	4．管理センターの職員からの手紙を聞き，感想を交流し合う。	○管理センターの人からのメッセージを聞いて,思ったことを発表しましょう。	◎動物が引き取ってもらえる手だてや飼い主たちへの思い」を知り，よりよい飼い主になろうとする意欲を高める。

(9) 資料　まいごのポチ（森川敦子作，木村知子絵）

① 　ポチは，太郎くんの家でかわれている犬で，太郎くんたちにとてもかわいがられていました。
　ある日ポチは，太郎くんの家族といっしょに，車でとなり町の公園に遊びに行きました。いつもとちがう大きな公園にやってきたポチは，うれしくてたまりません。ポチは，太郎くんの言うことなど聞かずに，公園にいた他の犬たちと走り回って遊んでいました。そのうち，ついつい調子に乗って，公園の外出て行ってしまいました。

② 　どのくらいたったでしょう。ふと，気がつくと公園は見えなくなっていました。ポチは，となり町ですっかりまいごになってしまったのです。「どうしよう。どっちに行けば公園にもどれるの。太郎くん。どこにいるんだよう。」ポチは，大きな声でほえながら，ひとばん中，太郎くんたちをさがしました。けれども，どうしても太郎くんたちを見つけることはできませんでした。

③ 　次の日のお昼すぎ，一台の小さなトラックがポチのそばで止まりました。そのトラックから何人かの人たちがおりてきたかと思うと，「ほえながら，うろついてい

るいる犬は，この犬だね。」
と言いながら，ポチに近づいてきました。そして，丸いはりがねのついた道具であっという間にポチをとらえました。その人たちはポチをトラックに乗せながら，「あれ，この犬は，首わがついている。飼い犬だね。」「本当だ。かわいそうにね。まいごになったのかな。かいぬしが見つかって，家に帰れるといいんだけど。」と，かなしそうに言いました。

　トラックに乗せられたポチは，「動物管理ンター」にやってきました。動物管理理センターには，たくさんの部屋があり，ポチと同じような犬やねこたちがいろいろな部屋に入れられていました。ポチもトラックからおろされて部屋に入れられました。

④　部屋に入れられたポチは，どうしていいかわからず，大きな声で鳴き続けていました。ふと部屋を見ると，黒い小さな犬がへやのすみにうずくまっていました。「ねえきみ，ここは，どこなの。どうして，ここにいるの。」ポチは，黒い犬に話しかけました。「ぼくは，クロ。ぼくも今朝，ここにやって来たばかりさ。ここは，動物かん理センターって所だよ。きみは，どうしてここに来たの。」今度は，クロがたずねました。「ぼくは，ポチっていうんだ。昨日，公園で遊んでいる時，飼い主とはぐれて，まいごになってしまったんだ。なぜか分からないけれど，つかまえられて，ここに来たんだ。きみも，そうかい。」

　クロは，しばらく，だまったままでしたが，やがて，「ぼくは，飼い主にすてられたんだ。ぼくは，夜になるとついさみしくってね。よく鳴くもんだから…。飼い主が，ぼくのことを近所めいわくなやつだ，もう飼えないって。それで，ここに連れて来られたんだ。」クロは，なみだぐんで言いました。

⑤　すると，向かいの部屋にいたおばあさん犬が，しわがれた声で言いました。「人間なんて，人間なんて。はじめのうちは，かわいい，かわいいって，言ってたくせに，年とって病気になっちまったら，もう手に負えない，飼うのはいやだってさ。あたしだって，好きでこんな病気になったわけじゃないのに。ひどい話さ。」「おばあさん。病気なの。だいじょうぶ。」ポチは，心配そうにおばあさん犬を見ました。「ああ，ここにいるじゅういさんたちは，毎日えさや薬をくれるからね。少しはいたみもおさまるよ。でも，よくなったって，意味ないさ。どうせもうすぐ，みんな死んじまうんだから。」「えっ。死ぬってどうして。それどういうこと。」ポチはびっくりして言いました。

　「ここに連れられてきた犬やねこは，何日かすると，殺されちゃうのさ。ぼく，飼い主とセンターの人が話していたのを聞いたんだ。」クロは，元気のない声でいいました。それを聞いたポチは，「そんなことない。太郎くんは，きっと迎えに来てくれる。みんなだって，きっと飼い主さんが迎えに来てくれるよ。」とクロたちに言い返しました。「あたしは，ここに来て今日で三日目だ。この三日間，飼い主が迎えに来た犬なんて，一匹だっていやしないよ。みんな，あんたのように言いながら，死んでいっちまったよ。気持ちはわかるけど，きたいしたってむだだね。」おばあさん犬

資料Ⅱ

141

は，そう言うと，苦しそうに部屋のすみに横たわりました。

⑥　次の日，おばあさん犬は，管理センターの人に連れられて，一番奥の部屋へ行ってしまいました。そして，それきりもどってはきませんでした。その夜，管理センターの人は，おばあさん犬のいた部屋をきれいにそうじしながら，おばあさん犬のいなくなった空っぽの部屋をじっと見つめていました。次の日も，その次の日も，新しい犬やネコたちが次々とセンターにやってきては，部屋に入れられていきました。ポチ達がセンターに来て三日目に，クロがぽつんと言いました。「いよいよ，明日は，ぼくたちの番だ。明日になれば，きみもぼくも奥の部屋へ連れられて行く。二度と生きては帰れないんだ。ああ。どうしてもっとやさしい飼い主に飼ってもらえなかったんだろう。ぼくは，とてもくやしいよ。」「何を言っているんだ。望みをすてちゃいけないよ。太郎くんは，とってもやさしい男の子なんだ。ぼくを見すてたりしないよ。だから，きっとむかえに来てくれる。きみの飼い主だってきっとそうだよ。」ポチは，クロに言いましたが，クロはだまったままでした。

⑦　その日の夕方，センターの人が大声をあげながらポチの所にやってきました。「ポチ，おまえの飼い主がむかえに来たぞ。よかったなあ。声のする方を見ると，センターの人といっしょに，太郎くんや太郎くんのパパそれに，ママがいるではありませんか。「ポチ，ここにいたんだね。ずいぶんさがしたんだよ。見つかって，本当によかった。」太郎くんが，うれしそうに言いました。

⑧　それから，ポチは，太郎くん達といっしょに家に帰ることになりました。ポチが部屋を出るとき，クロが言いました。「よかったね，ポチ。きみには，やさしい飼い主がいてとてもうらやましいよ。もう，まいごになんかなるなよ。」「ありがとう。クロ。」ポチは，クロの顔を見るとかなしくなって，それ以上何も言えませんでした。センターの人たちは，とてもうれしそうな顔で見送ってくれました。家に帰る車の中で，ポチは，やさしく自分の頭をなでてくれる太郎くんにだかれたまま，おばあさん犬やクロの飼い主たちが許せない気持ちでいっぱいでした。

資料Ⅱ

【紙芝居】（木村知子絵）

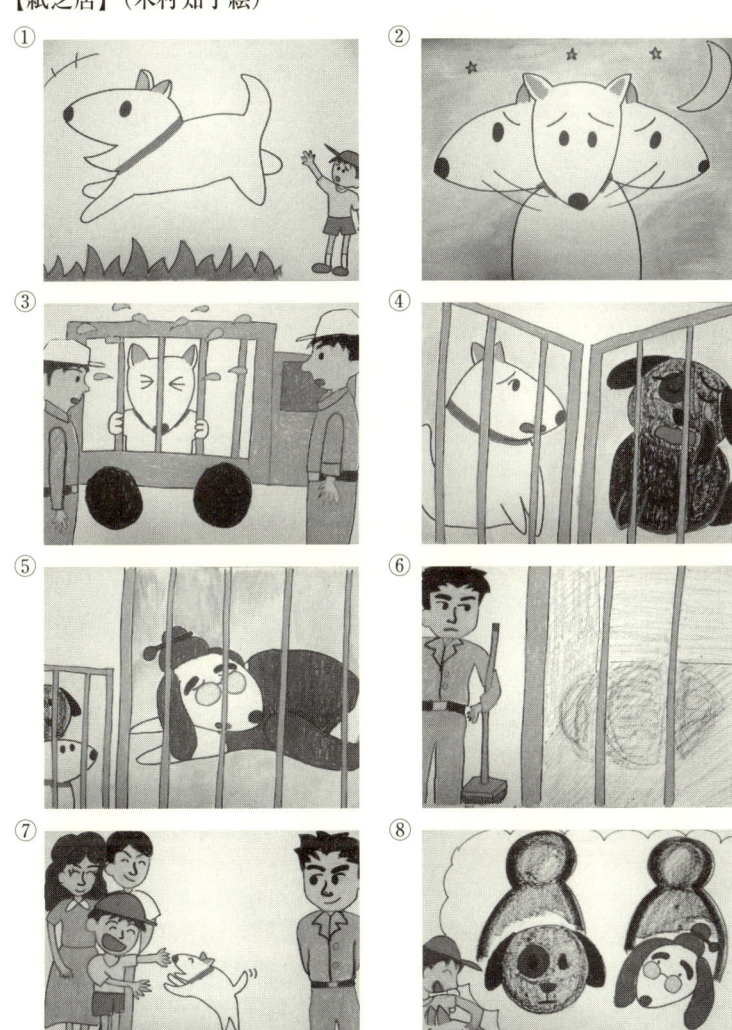

(10) 板書計画

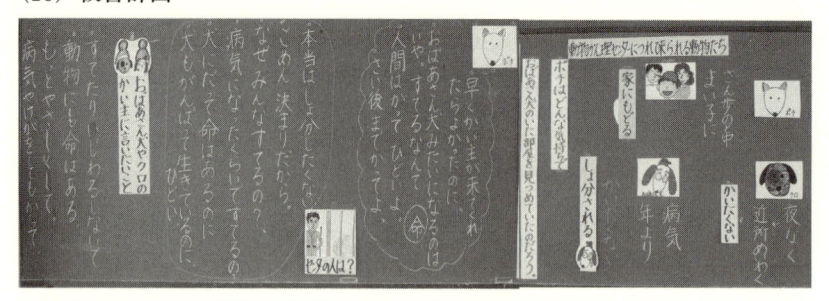

【資料：動物管理センターの職員の人からの手紙】

こんにちは　〇〇小学校のみなさん，お元気ですか？
　私は，東警察署のとなりにある広島市動物管理センターで働いている者です。みなさんに動物管理センターのことや捨てられるペットたちのことを知ってほしいと思ってお手紙を書きました。
　ここには，毎日たくさんの犬やねこたちがやって来ます。ポチのようにまいごになった犬もいますが，ほとんどはクロやおばあさん犬のように置き去りにされたり，飼い主が「もう飼えない。」と言ってつれてきたりする犬やねこたちです。飼い主さんの中には，全然悲しそうな顔をせず，「もう，いらないのでお願いします。」という人もいたりしてびっくりします。そんな，飼い主さんたちを見ていると「どうしてこの犬やねこを飼うことにしたのだろう。どうして，最後までちゃんとかってあげないのだろう。」と正直言って腹が立つこともあります。
　みなさんも，知っているとおりここに来た犬やねこたちは，別のかいぬしさんに引き取ってもらえることもありますが，ほとんどは，処分されてしまいます。そんなかわいそうな犬やねこは，1年間に2千匹以上もいるのです。わたしたちは，仕事として仕方なくそのようなことをしていますが，本当はとても辛い仕事です。
　わたしたちは，かわいそうな犬やねこたちを作らないように，引き取ってくれる人を掲示板で募集したり，犬の飼い方教室や動物ふれあい教室などを開いて，よい飼い主さんを増やしたりする工夫をしています。よい飼い主さんが増えて，かわいそうな動物たちが少なくなることを願っています。
　みなさんも，これから動物を飼うときには，「本当に最後まで，その動物が寿命が来て，死ぬときまでちゃんと飼えるかな。」ということをよく考えて飼うようにしてほしいなと思います。これからも体に気をつけて，勉強や運動をがんばってくださいね。
　　　　　　　　　　広島市動物管理センターの職員より

資料Ⅱ

【ワークシート】

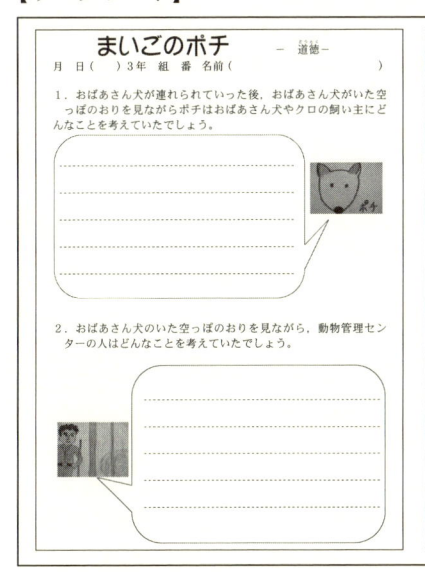

```
まいごのポチ  －道徳－
月　日（　）3年　組　番　名前（　　　　）

1．おばあさん犬が連れられていった後，おばあさん犬がいた空
っぽのおりを見ながらポチはおばあさん犬やクロの飼い主にど
んなことを考えていたでしょう。

2．おばあさん犬のいた空っぽのおりを見ながら，動物管理セン
ターの人はどんなことを考えていたでしょう。

3．おばあさん犬やクロの飼い主たちにお手紙を書きましょう。
（　　　　　　　　）へ

月　日（　）年　組　番（　　　）より
```

【児童の感想（飼い主への手紙）】

飼い主へ
クロやおばあさん犬の飼い主さん，ぼくはむかえに来てもらいました。でも，あなたたちのかってで犬をすてるのはよくないです。クロは鳴きたくなくても夜さびしくて思わずないてしまうだけです。ちゃんとしつけをしていたら鳴かないはずです。おばあさんは，なりたくって病気になってはないのに病気とたたかっていたのに，「病気だからいらない。大へんだもん。」というのはとてもひどいと思います。かい主はかった動物はさいごまでかってください。クロやおばあさんもそうおこっていると思います。私も犬をかっていますが，さいごまでかいます。　　　　　　　　（小学3年　女児）

飼い主へ
クロやおばあさん犬が病気やせいかくがわるくても，さいしょからさい後までかってあげて。クロやおばあさんたちの気持ちをわかってあげて，かえないと思ったら，かわないで，ちゃんと考えてかって。
ぼくも犬やネコをかう時には，さいしょにすてないかをきめてかうことにします。いろんな人にもそういうことを分かってほしいです。とくに分かってほしいことは，ぜったいにすてないとやくそくしてかうことを分かってほしいです。ぼくもそういうことを心がけたいです。　　（小学3年　男児）

145

2 順番の実践　4－(1) 規則の尊重，公徳心の実践事例

(1) 資料名　　順番（森川敦子作）
(2) 内容項目　規則について考えよう　4－(1) 規則の尊重，公徳心
(3) ねらいとする価値について

　世の中にはいろいろな決まりがある。家庭のきまり，学級のきまり，学校のきまり，社会のきまり，国の決まりなど決まりの種類も様々である。それらの決まりは，人々が安全に気持ちよく暮らすためにつくられたものであり，いずれも大切なものである。しかし，現実の生活では，決まり同士がぶつかり合い，いずれかを優先させなければならなかったり，互いに調整し合わなければならなかったりすることも起こり得る。その際に，それぞれの決まりの意味を考え，いずれかを優先させたり調整したりする道徳的判断力を身につけることは，よりよく生きるために大切なことと考える。

(4) 児童の実態

　本学級の児童は，決まりは守らなければならないものだと考えている。しかし，その理由については，「親が言ったから」「先生が怒るから」等の他律的なものが多く，なぜ決まりが大切なのか，その意味や決まりの優先順位等について深く考えている児童は少ない。そのため，教師の目の届かないところでは，きまりを破ったり，より社会的な決まりよりも個人的な決まりを優先させてしまったりする場面も見られる。

(5) 指導観

　本資料は，実際に起こったできごとをもとにした自作資料である。主人公である洋介の学級では，「手洗いの時には給食当番を優先する」という独自の決まりをつくっている。ある日，洋介は，給食の準備が遅くなり級友を待たせてしまう。混雑した手洗い場で「給食当番だから手洗いを優先させてほしい」と主張するが，他学年の児童には洋介の学級の決まりが分からないため「それは順番抜かし」だと言って譲ってもらえない。洋介は，給食の準備を早く行うために学級の決まりに従って，先に手洗いをすべきか，順番通りに待つべきか葛藤するという内容の資料である。そこで，授業では，洋介の学級独自の決まりと他学年の決まりのいずれを優先させるべきかの話し合いを通して，決まりはどれも同じではなく，決まりの大きさや普遍性が異なっていることに気付かせたい。また，洋介の学級で独自の決まりをつくっているわけを考えさせることを通して決まりの意義についても深く考えさせたい。

(6) 本時のねらい

　学級のきまりと他の学級の決まりとのどちらを選ぶべきかについての話し合い

資料Ⅱ

を通して，優先させるべき決まりの存在や決まりの意義に気付き，よりよい行為を的確に選択できる道徳的判断力や決まりを大切にしようとする心情を育てる。

(7) 準備物
　きまりアンケートの集計結果，掲示用イラスト，ワークシート

(8) 学習過程

段階	学習活動	主な発問と児童の心の動き	支　援
導入	1．決まりがあってよかったと思うことを発表する。	○あってよかったなあと思うきまりは，どんなきまりですか。それはなぜですか。 ・廊下は走らない。・信号を守る。など	◎児童の関心を高めるため，事前にアンケートをとっておき，紹介してもよい。
展開前段	2．資料を聞き，主人公洋介の葛藤について確認する。 3．洋介のとるべき行為とその理由を考え発表する。	○洋介はどんなことで困っていますか。 ・洋介の学級では，「給食当番は先に洗ってよい」という決まりがあるが，1．2年生の学級にはない。 ・洋介は，給食当番で先に手洗いをしたいが，1，2年生には，そのきまりは分からない。 ・1，2年生が順番を譲ってくれないと他の給食当番を待たせてしまう。 ◎洋介くんは，先に洗うべきでしょうか？　それとも，順番を待つべきでしょうか？　また，それはなぜですか。 ＜先に洗うべき＞ ・学級の当番はみんな先に洗うから。 ・先生も認めている学級の決まりだから。 ・学級ためにみんなで決めたことだから。など ＜順番を待つべき＞ ・1．2年生が譲ってくれないから，当番に遅れてもしかたない。 ・学級の決まりといっても，他の学年の人達には分からないことだから。 ・「先に洗う」のは学級だけの決まりで，学校全体で認められた決まりではないから。	◎葛藤を理解しやすいよう，イラストを板書しながら提示する。 ◎決まりの意義に着目させるため，なぜ洋介のクラスではそのような決まりがあるのか考えさせる。 ◎ワークシートを活用し，判断の理由もしっかりと考えさせる。 ◎主人公の葛藤を深く考えさせるため，2つの立場の考えを役割演技で発表させてもよい。 ◎机間指導を行い，判断傾向の把握や書きにくい児童への助言等を行う。

147

展開後段	4．今日の学習や自分の生活を振り返り，決まりについて考えを深める。	○今日の学習や自分の生活を振り返ってみましょう。決まりについてどんなことを考えましたか。	◎児童が考えを深めやすいよう，ワークシートを活用する。
終末	5．決まりについての考えを交流する。	○決まりについて考えたことを交流し合いましょう。 ・自分のことだけ考えて，他の人に決まりをおしつけてはいけない。 ・学級や学校の決まりなど，決まりにもいろいろなものやちがいがある。 ・学校には多くの決まりがある。どの決まりを優先させるか考えないといけない時もある。	◎友達の考えをしっかりと聞かせ，自分の考えをさらに深めさせる。 ◎児童の実践意欲を高めるために教師は肯定的な評価を行う。

(9) 資料　順番（森川敦子作）

　4時間目が終わって，給食の準備が始まりました。給食当番の洋介くんは，図工の後かたづけをしていたので少し準備が遅くなってしまいました。洋介君は，急いでエプロンをつけ手洗い場に行きました。手洗い場は，故障中の水道もあり，1.2年生達で混雑していました。

　洋介くんが並んだ水道には，先に4.5人の1.2年生がならんでいました。1.2年たちは，おしゃべりしながら，石けんでゆっくりゆっくり，時間をかけて手を洗っています。給食当番に遅れそうな洋介くんは，イライラしました。今月学級で決めた目標が「給食の準備をす早くする」だったからです。たまりかねた洋介くんは1.2年生に言いました。「ねえ，君たち，ぼくは給食当番で，食器係なんだ。おまけに隣の人がお休みで，ぼく1人で運ばなきゃならないんだ。急いでいるから先に洗わせてくれないか？」すると，1.2年生は，「ぼくたちだってずっと並んで待っていたんだよ。」それに，「ぼくたちの学級では，『給食当番は先に洗ってよい。』という決まりがあるんだよ。」すると，1.2年生は，「えー。ぼくたちのクラスではそんな決まりはないよ。ぼくたちが，先に並んでいるのに，それじゃあ順番抜かしだ。ずるいよ。」とおこって言いました。

　それでも，洋介くんは，「ぼくは，クラスのための当番なんだから頼むよ。食器係のぼくが遅れると給食がすごく遅くなるんだ。みんなが困るから，先に洗わせてくれよ。」と言いました。けれども，1.2年生は「ぼくたちだって，早く食べたいし，順番抜かしはいけないよ。」と言い張ります。周りにいた他の子どもたちも，「当番が先に洗っていいなんて，わたしたちのクラスにだってそんな決まりないよ。だめだよ。」と口々に言います。給食前なので，どこの手洗い場も，

資料Ⅱ

子どもたちでいっぱいです。洋介くんは，当番に遅れてもこのまま順番を待つべきか，無理にでも割り込んで，当番に遅れずに行くべきか，まよってしまいました。

(10) 板書計画

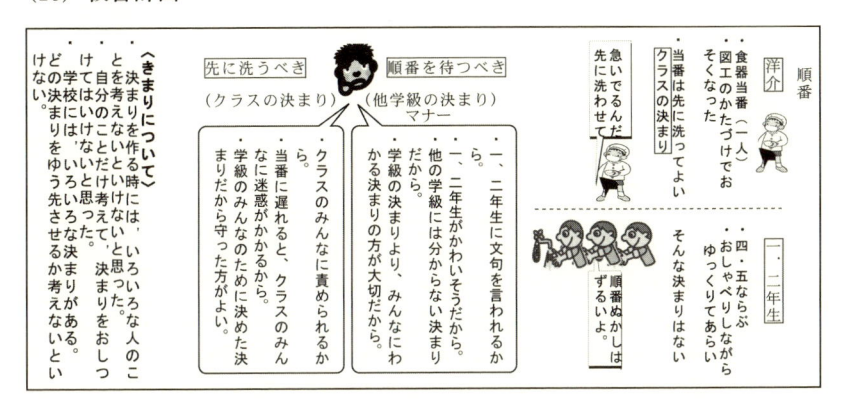

順番

洋介
・食器当番（一人）
・図工のかたづけでおそくなった
・当番は先に洗ってよい
〈クラスの決まり〉

「急いでるんだ 先に洗わせて」

先に洗うべき（クラスの決まり）

・一，二年生に文句を言われるから。
・他の学級の決まりより，二年生がかわいそうだから。
・学級の決まりには分からない決まりがあるから。
・学級のみんなのために決めた決まりの方が大切だから。

順番を待つべき（他学級の決まり）マナー

・クラスのみんなに責められるから。
・当番に遅れると，クラスのみんなに迷惑がかかるから。
・学級だから守った方がよい。

一・二年生
・おしゃべりしながらゆっくりしてもらい
・そんな決まりはない
・順番ぬかしはずるいよ。

〈きまりについて〉
・いろいろな人のこと考えて，決まりをおしつけないといけない。と思った。
・学校は自分勝手にいろいろな決まりがある。
・なんでもいやだといいけなのは先生にゆいろいろ決まりを作る時には，みんなのいけんを先に決めさせるか考えないといけない

【ワークシート】

じゅんばん ー道徳ー

月 日（ ）3年 組 番（ 　 ）

1．ようすけくんは，わりこんででも先に洗うべきでしょうか？
　順番をまつべきでしょうか？
　また，それはどうしてですか？

　　先に洗うべき　・　順番をまつべき

（わけ）
わけは．．．

2．友だちの意見を聞いてもう一度考えましょう。
　ようすけくんは，どうするべきでしょう？
　また，それはどうしてですか？

　　先に洗うべき　・　順番をまつべき

（わけ）

順番の学習をして

月 日（ ）年 組 番（ 　 ）

149

【児童の感想】

「順番」の学習をして
今日のお勉強をしてクラスのきまりより，学校のきまりを守った方がいいと思いました。
きゅう食でおそくなるのは，ダメだけれど，ちゃんと1年生を待っていただけだからいいと思う。
それにわたしも2．3人の1年生がおしゃべりをして洗っている所にならんだけれど，自分たちだって1年生の時には，3年生にめいわくをかけていたんだと思う。　　　　　　　　　　　　（小学3年　女児）

「順番」の学習をして
3年1組は，きゅう食当番は，早くしていいきまりだけど，ほかのクラスとはちがうから，ならんだほうがいいと思います。
クラスのきまりと学校のきまりをくらべたら，学校のきまりをまもってならんだほうがいいと思います。
ぼくは，ならんで，じゅんばんをまもっていきます。
きゅうしょくがおそくならないように，早くじゅんびしてきゅうけいしたいです。　　　　　　　　　　　　　　　　　（小学3年　男児）

わたしなら，じゅん番を守ります。ようすけくんは，どっちをえらんだんでしょうか。
クラスのきまりだけできまるんじゃなくて，他のクラスのことも考えて，やさしくまつべきだと思いました。
わたしもそういう時には，がんばってまちます。
ようすけくんの気もちは，よくわかりました。　　（小学3年　女児）

Ⅲ 小学校高学年の道徳授業

　小学校高学年の時期は，礼儀やマナーとして「社会的慣習」を肯定する段階であり，社会システムへの概念化が始まる時期である。規範の社会化が始まるこの時期には，自分と相手だけでなく，周りの友達，他学年の子どもや教師，地域・社会の人々など，より広い社会的な視点から，みんなが暮らしていくために守らなければならないきまりがあることに気付かせることが必要である。ここでは，自分と相手との二者関係を越える第三者的視点に気付かせながら，きまりの意味について考えを深めさせる2つの道徳授業「バスケットボール大会と保健委員会」と「行列のできるケーキ屋さん」の実践例を紹介する。

1　バスケットボール大会と保健委員会（4-(3) 役割・責任）の実践事例
(1) 資料名　バスケットボール大会と保健委員会（松田芳明作）
(2) 内容項目　責任の重みについて考えよう4-(3) 社会的役割の自覚と責任
(3) ねらいとする価値について
　人は，所属している社会的集団の中で多様な社会的役割を自覚して責任をもっていろいろな仕事を成し遂げている。高学年になると，委員会活動，児童会活動など学校全体にかかわる仕事が増えてくるとともに，児童は，「自分のしたいこと」「学級の役割としてしなければならないこと」「学校の役割としてしなければならないこと」などさまざまな価値葛藤の場面に追い込まれることもある。このような状況に直面したとき，児童は，叱責の有無，利害関係，友情関係，他者からの承認の度合い，所属集団への意識の強さ，社会的役割の自覚の程度などの要素をもとに，それぞれの児童の価値基準によって行為が選択されている。
　そこで，自分と他者あるいは社会とのかかわりを明らかにしながら，小集団から学級集団さらに学校集団へと社会的な視点を広げることを通して，社会的役割のあり方や責任の重みについて深く考えて，道徳的判断力を高めることができると考える。
(4) 児童の実態
　本学級の児童は，委員会活動の時間がきちんと保証されているとともに，その仕事に楽しさややりがいを感じている場合には積極的に委員会活動をする子が多

い。しかし，休憩時間の委員会の常時活動についてみると，自分が仕事しなくても誰かがやってくれそうな場合や教師の叱責があまり無い場合には，遊びや自分のやりたいことを優先させ，委員会の仕事を怠けてしまう児童もいる。そこで，「自分のしたいこと」「学級の役割としてしなければならないこと」「学校の役割としてしなければならないこと」などのように小集団から学級集団さらに学校集団へと社会的な視点を広げながら，学校全体の一員としての役割の大切さを自覚させていきたい。

本資料「バスケットボールと保健委員会」は，昼休憩にリーダーとしてバスケットボールの練習に参加するべきか，保健委員として紙芝居のリハーサルに参加するべきかという葛藤を含んだ資料である。クラス対抗のバスケットボール大会も保健朝会もさし迫っており，主人公のかずまは同じ時間帯に行われるバスケットボールの練習か紙芝居のリハーサルのどちらかしか参加することができない状況にある。主人公かずまは，バスケットボール大会に向けてクラスの代表チームの練習をリードする中心的存在であるとともに，保健委員として上学年と協力し合いながらよりよい学校にしていこうとする役割をもった存在である。大会に向けて練習をしてきたグループの友達や保健委員会で活動している委員，保健朝会を楽しみにしている全校のみんなに役割取得しながら，学校全体をリードする高学年としての社会的役割のあり方や責任の重みについて考えさせ，道徳的判断力を高めていきたい。

(5) 指導観

資料提示では，児童が主人公かずまの葛藤状況を的確に捉えることができるよう，立ち止まり読みしながらポイントを黒板に整理して提示する。

かずまのとるべき行為とその理由を考えさせた後には，その中でもっとも納得できる行為とその理由について話し合わせ，道徳的価値について吟味させるようにする。また，それぞれの理由の背景にある学級集団（バスケットの練習を一緒にしているたけしや同じクラスの他の友達）あるいは学校集団（6年生の保健委員や全校のみんな）等の視点に立たせることにより，いろいろな集団への影響力などを推測しながら道徳的判断力を高めていくようにする。展開後段では，後半の資料を読み，学校全体をリードする高学年としての社会的役割に児童が着目できるようにする。

(6) 本時の目標

学校生活をよりよくするための高学年の仕事に着目させ，多様な立場からの視点を吟味しながら行為の基準を学校全体の視点からとらえる大切さに気付かせ，社会的役割のあり方や責任の重みについて深く考えるとともに，道徳的判断力を

資料Ⅱ

高めることができるようにする。
(7) 準備物
　　イラスト，短冊，ワークシート
(8) 学習過程

段階	学習活動	主な発問と児童の心の動き	支援
導入	1　学校生活をよりよくするための高学年の仕事についての気づきを交流する。	○学校生活をよりよくするために高学年がしている仕事にはどんなものがありますか。また，どんな気持ちで取り組んでいますか。 ・児童会があいさつ運動に取り組んでいる。 ・図書委員の人が図書の貸し出しをしてくれている。 ・めんどうだなと思うこともあるけれど，がんばって花の世話をしている。	◎身近な自分の役割に着目させ，本授業への導入を図る。
展開前段	2　資料前半の話を聞いて，主人公かずまの葛藤状況をとらえる。 3　主人公がとるべき行為とその理由を考えて発表する。	○かずまくんはリーダーとしてまた保健委員としてどんな仕事がありますか。またどんなことをしていますか。 ・今日の午後にあるクラス対抗のバスケットボール大会に向けて代表チームのリーダーとして練習している。 ・このままだと負けるから今日の昼休憩に最後の練習をしようとたけし君に誘われた。 ・保健朝会ですききらいなく食べることの大切さを学校のみんなに伝える仕事がある。 ・昼休憩には保健委員会で紙芝居の発表のリハーサルをしなければならない。 ◎かずまくんは，リーダーとしてバスケットボールの練習に参加するべきですか。それとも保健委員として発表のリハーサルに参加するべきですか。また，それはなぜですか。 ＜バスケットボールの練習に参加するべき＞ ・試合に負けたくないから	◎児童が資料の内容を理解できるよう，主な登場人物を確認してから提示する。 ◎児童が葛藤状況を理解しやすいよう，立ち止まり読みをしながら，場面の様子についてわかったことを発表する場を設けたり，短冊を使って板書を整理したりする。 ◎予めワークシートに自分の考えを記述させてから話し合わせる。 ◎考えを書きにくい児童については，個別に助言等を行う。 ◎「めいわくがかか

153

展開前段	4．だれの視点からの考え方なのかについて，判断の理由を吟味する。	・チームのみんなにめいわくをかけるから ・リーダーとしての役割があるから， <保健委員会のリハーサルに参加するべき> ・発表がうまくいかないと文句を言われるから ・保健委員会の人に迷惑をかけるから ・最初に約束したから ・委員会の仕事は全校にかかわることだから ○それぞれの理由は，だれのこと（だれの視点）を大切にして考えているのでしょう。 ・「試合に負けたくない」「発表がうまくいかないと文句を言われる」は自分自身のことを大切にしている。 ・「チームのみんなにめいわくをかける」「保健委員会の人に迷惑をかける」は相手のことを大切にしている ・「リーダーとしての役割がある」「保健委員会は全校にかかわること」はチームのことや全校ことのことを大切にしている。	る」という発言が出た場合には，「どんな迷惑をかけるのか」「なぜ迷惑をかけるのか」などの問いかけをして，理由づけのイメージや背景を探る。 ◎だれの視点で考えたか吟味しながら，自己の視点，相手（他者）の視点，社会組織（役割・立場）の視点に着目させる。 ◎理由付けの視点が明確になるように，自分自身を㉜，相手を㊧，社会組織を㊥と分類して板書する。 ◎学級の実態によっては，グループで話し合わせてもよい。
展開後段	5．葛藤状況を解決するために，だれの視点から考えることが大切なのかについて吟味し，最主人公がとるべき行動と理由を最終的に決める。	○学校生活の中では，だれのことを大切にして考えるべきでしょうか。それはどうしてですか。 ・チームや保健委員会のことを考えないといけない。 ・自分にとっての損得は，相手のことを何も考えていないのでよくない。 ・リーダーとしての責任を果たすことは大切だけれども好き嫌いをなくそうとする保健委員会の仕事はもっと大切である。 ○もう一度考えましょう。かずまくんは，どうするべきですか。それはなぜですか。	◎自己の視点から，他者の視点，社会組織の視点への転換が図られるように，行為の基準となる社会的意味に着目できるようにする。 ◎学校生活の中で，自分自身のことを考えた理由は適切なのかについて考える場を設けて，保健委員会の仕事の大切さについて考えるようにする。

終末	6．学習や自己の生活を振り返り，感想を交流する。	○今日の学習や自分の生活を振り返り「役割」や「責任」について考えたことを発表しましょう。 ・同じように大切な仕事でもいろいろな違いがあるんだと思った。 ・学年と全校では，やっぱり全校に関わることを優先することが必要だと分かった。	◎児童が保健委員会の社会的意味に充分に着目できていない場合には，後半資料を読む。 ◎児童の発表は肯定的に受け止めるようにする。

(9) 資料　バスケットボール大会と保健委員会（松田芳明作）

(前半資料)　保健委員のかずまくんは，今日の午後に行われるクラス対抗のバスケットボール大会に向けてクラス代表として練習していました。かずまくんはバスケットボールがとても上手で，クラスチームのリーダーとして，ドリブルやパスの仕方などをみんなに教えていました。
　登校すると同時に，かずまくんは同じチームのみんなに，「このままだと負けるかもしれないから，昼休けいに最後の練習をしよう」と言われました。かずまくんはよしがんばるぞと思いました。
　ちょうどその時，かずまくんは，保健委員会で昼休憩に紙芝居の発表のリハーサルをすることを思い出しました。保健委員会は，明日の全校朝会ですききらいなく食べることの大切さを全校のみんなに伝えるために紙芝居作りに取り組みました。紙芝居はできているのですが，みんなでそろって発表のリハーサルをするのは今日の昼休憩しかありません。放課後も明日の朝もできません。かずまくんは，昼休憩にリーダーとしてバスケットボールの練習に参加するべきでしょうか。それとも，保健委員として全校朝会のリハーサルに参加するべきでしょうか。

(後半資料)　かずまくんは，「リーダーとしての仕事は大切だから，チームのことを考えるべきだ」と思いましたが，好き嫌いをなくそうとする保健委員会の仕事の方が大切であると思いました。全校のみんなにすききらいなく食べることの大切さを伝えることで，食べ物を大切にすることに気付いてくれたり，健康な社会づくりにつながったりすると考えました。そこで，バスケットチームのみんなにあやまって今だけリーダーを代わってもらい，保健委員として，紙芝居の発表のリハーサルに参加しました。

(10) 板書計画

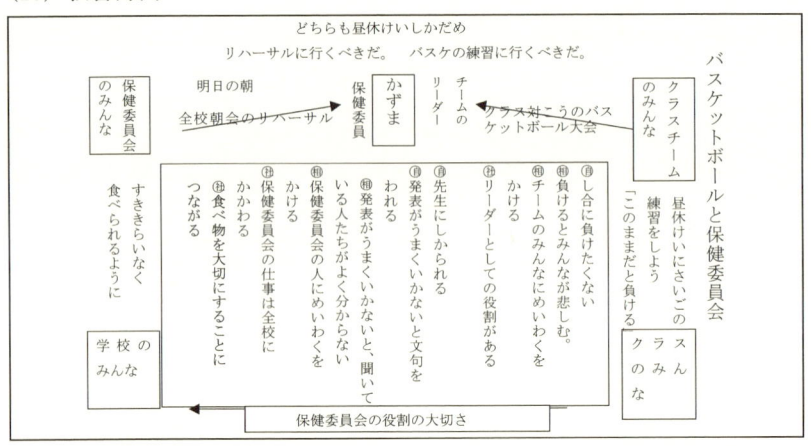

バスケットボールと保健委員会

どちらも昼休けいしかだめ
リハーサルに行くべきだ。　バスケの練習に行くべきだ。

保健委員会のみんな	明日の朝 全校朝会のリハーサル →	かずま 保健委員	チームのリーダー	クラス対こうのバスケットボール大会	クラスチームのみんな

昼休けいさいごの練習をしよう
「このままだと負ける」

- ⑤し合に負けたくない
- 負けるとみんなが悲しむ。
- ⑥チームのみんなにめいわくをかける
- ⑦リーダーとしての役割がある
- ⑧先生にしかられる
- ⑨発表がうまくいかないと文句をわれる
- ⑩発表がうまくいかないと、聞いている人たちがよく分からない
- ⑪保健委員会の人にめいわくをかける
- ⑫保健委員会の仕事は全校にかかわる
- ⑬食べ物を大切にすることにつながる

学校のみんな　すききらいなく食べられるように

← 保健委員会の役割の大切さ

クラスのみんな

(11) 授業の様子

資料提示前に登場人物の確認を 　　　グループでの話し合い

全体討論 　　　振り返り

156

資料Ⅱ

【ワークシート】

```
          バスケットボールと保健委員会
     月  日  年  組  番 名前（          ）
  1．話し合い前の自分の考え
   ○かずまくんは、どうするべきだと思いますか。（  ）に○をしましょう。
    （  ）バスケットボールの練習に参加するべきである。
    （  ）紙しばいの発表のリハーサルに参加するべきである。
   ○どうしてそう思いますか。わけを書きましょう。

    わけは、


    だからです。

  2．話し合い後の自分の考え
   ○かずまくんは、どうするべきだと思いますか。（  ）に○をしましょう。
    （  ）バスケットボールの練習に参加するべきである。
    （  ）紙しばいの発表のリハーサルに参加するべきである。
   ○どうしてそう思いますか。わけを書きましょう。

    わけは、


    だからです。

  3．学校生活の中では、だれのことを大切にして考えるべきでしょうか。
     それはどうしてですか。




  4．今日の学習をして、自分の役割について考えたことや思ったことを書きましょう。
```

【児童の感想】

バスケットボールと保健委員会
5年 名前（   ）

1．話し合い前の自分の考え
 ○かずまくんは、どうするべきだと思いますか。（ ）に○をしましょう。
  （ ）バスケットボールの練習に参加するべきである。
  （ ○ ）紙しばいの発表のリハーサルに参加するべきである。
 ○どうしてそう思いますか。わけを書きましょう。

わけは、紙しばいは、全校生徒の前でするんだけど、バスケットボール大会はクラス対こうだから、人数が多い紙しばいのリハーサルに行った方が全校生徒がよろこんでくれる（よろこんでくれる人数がちがう）だからです。

2．話し合い後の自分の考え
 ○かずまくんは、どうするべきだと思いますか。（ ）に○をしましょう。
  （ ）バスケットボールの練習に参加するべきである。
  （ ○ ）紙しばいの発表のリハーサルに参加するべきである。
 ○どうしてそう思いますか。わけを書きましょう。

わけは、やっぱり、全校生徒とクラスは人数がちがうし、バスケットボールの練習に行って紙しばいで失敗して、はじをかいたりするよりは紙しばいのリハーサルに行ってバスケット大会で負けてしまった方が「でも、紙しばいが成功したから」と思える方がいいからです。

3．学校生活の中では、だれのことを大切にして考えるべきでしょうか。それはどうしてですか。

学校のみんなのことを大切に思った方がいいと思う。わけは、委員会は学校生活を良くするためにあるから。

4．今日の学習をして自分の役割について考えたことや思ったことを書きましょう。

「バスケットボールと保健委員会」を学習して、私がかずまくんの立ちばでも、すくなやんだと思います。
私も本当になやみました。
この学習で、役割の大切さをしりました。
これから、委員会をがんばろう!!!
と思いました。

157

※本実践は，本研究は科研費（18530712）の助成を受け，鈴木由美子，江玉睦美，松田芳明，宮里智恵，椋木香子らと行った科研研究の一環として実施したものである。

2 行列のできるケーキ屋さん(4-(1)規則の尊重)の実践事例

(1) 資料名　行列のできるケーキ屋さん（矢形さち子作）
(「４８番目のチケット」広島市中学校教育研究会道徳教育部会『実践集録　指導資料とその活用』をもとに矢形が作成)
(2) 内容項目　決まりの意義を考えよう　4-(1) 規則の尊重
　　　関連項目2-(2) 思いやり
(3) ねらいとする価値について

　社会生活を営む上でルールを守ることは大切なことである。そして，ルールを守る態度だけではなく，ルールがなぜ必要なのかを考え，どのようにルールを築き上げればみんながよりよい生活を送れるようになるかを考えることも必要である。

　ルールを守ることの大切さを確認するとともに，時と場合，相手や周りの状況によって，自他の権利を大切にしながらルールを築き共有し合うことが必要となることもある。そのためにも物事に対して一人一人がいろいろな視点から状況を的確に判断し，よりよいルールについて考えていくことが必要となる。

(4) 児童の実態

　本学級の児童は明るく元気で，男女の仲もよい。多くの児童がルールを守り，公正な判断をすることができる。低学年からお互いのことをよく知っているため，友だちに対して寛容であり，適切な言葉かけなどを考えることができる児童も多い。しかし，日頃からルールがなぜ必要なのか，どのようにルールを築き上げればみんながよりよい生活を送れるようになるかについて深く考えている児童は少ない。そのため，時に教師や大人の目の届かないところでは，ルールがあると分かっていても自分の都合や友達との関係を優先させてしまう面も見られる。

　そこで本授業では，社会の中でみんなが気持ちよく生活するためにはルールが必要であり，守っていくべきものであることを改めて自覚させたい。また，高学年という発達段階を踏まえ，ルールの意義やさらには社会的ルールとしてよりよいルールを築き共有し合うことの大切さにも気づかせたい。

(5) 指導観

　よしえはお母さんの大好きなケーキを買うために朝早くから並んでいた。その前をお母さんとはぐれて泣いている男の子が通りかかる。よしえはその子のために列を抜けて一緒にお母さんを捜してあげる。その後よしえが列に戻ると，後ろから「順番を守れ」「1度列を離れたら順番をあきらめたのと同じだ」とルール違反を指摘される。よしえはルールを守って列に戻ることをあきらめるが，すっきりしない気持ちが残るのだった。

授業では，よしえは列にもどることをあきらめるべきかどうか，その理由はなぜかを考え判断させることを通して，自他の権利を大切にしながらよりよいルール作りをすることの大切さについて考えさせる。
　また，自分の思いをしっかりと表現し，交流させ合うために，ワークシートを活用し，自分の考えや思いを整理することができるようにする。また書いたことを発表し合うことにより，他者の考えやその根拠となる理由を互いに聞き合うことで考えを深めることができるようにする。

(6) 本時の目標
　よしえのとるべき行為について考えることを通して，自他の権利や決まりの意義についての考え深めるとともに，決まりを大切にしようとする態度を育てる。

(7) 準備物
　場面絵，ワークシート

(8) 学習過程

段階	学習活動	主な発問と児童の心の動き	支援
導入	1．ルールについての考えを発表し合う。	○みなさんの周りにはいろいろなルールがありますが，ルールとは，どんなものだと思いますか。 ・ないとみんなが困るもの。 ・中にはいらないと思うものもある。 ・細かいとめんどうくさい。 ・絶対に守らないといけないもの。	◎終末での考えと比較させるため，ここでは共感的な雰囲気で児童の発言を受け止め，児童がルールに対して持っているイメージを自由に出させるようにする。
展開前段	2．資料の範読を聞き，よしえの気持ちを考える。	○よしえは，どんな気持ちで店に行ったのでしょう。 ・今年こそは，ここのケーキを買いたい。 ・お母さんのために絶対に買って帰りたい。 ・買って帰って，お母さんに喜んでほしい。 ○迷子の子どもを助け，母親にお礼を言われた時，よしえはどんな気持ちだったでしょう。 ・無事でよかった。 ・お母さんと会えてよかった。	◎よしえの葛藤を理解させるために，ケーキを買いたいと思っているよしえの気持ちに寄り添わせる。 ◎よしえの葛藤を理解させるために人助けをして満足しているよしえの気持ちをしっかりと引き出す

展開前段	3．列に戻ることをとがめられた主人公よしえがとるべき行為について考える。	・よいことをして気持ちがいい。 ・みんなに悪い子だと思われる。 ◎よしえは，列に戻ることをあきらめるべきでしょうか。それとも，あきらめるべきではないでしょうか。また，それはなぜですか。 ＜あきらめるべき＞ ・言われたから仕方がない。 ・列に戻ることは，順番抜かしになる。 ・初めから戻れないと思って出るのが普通。 ・みんなちゃんとならんでいる。 ＜あきらめるべきではない＞ ・近くの人に頼んでおいて列を離れたから。 ・人助けというよいことをしたのだから。 ・他の人がしないことをしたのだから。 ・後ろの人達は事情が分からず言っているだけだから，戻ってよい。	ようにする。
展開後段	4．資料の続きを聞き，ルールについて考える。	○みなさんはこの話を聞いて，ルールについてどんなことを考えましたか。 ・よいことをしたのにルール違反と言われるのはおかしい。 ・場合によっては変更が許されるルールもあってよい。 ・ルールはみんなが気持ちよくくらすためのものなのに嫌な思いをする人がいるなら，それはルールが間違っているのかもしれない。	◎よしえの気持ちがすっきりしない理由についても考えさせながら，よりよいルールやルールの役割等について考えを深めさせる。
終末	5．ルールについて考えたことをワークシートに書き，交流する。	○本時の学習をして，「ルールの役割」や「よりよいルール」について思ったことや考えたことを書き，発表し合いましょう。	◎導入での児童の考えと比較しながら，ルールについての考えを深めさせる。

(9) 資料　行列のできるケーキ屋さん（矢形さち子　文・絵）
（「48番目のチケット」広島市中学校教育研究会道徳教育部会『実践集録指導資料とその活用』をもとに矢形が作成）

　　　今日はクリスマスです。よしえは朝早くから起きて，これまでに貯めていたお小遣いを手に，急いで家を出ました。やっとたどり着いたそこは，町でも有名なケーキ屋さんです。店はまだ開いていないのに，もうすでに列ができています。よしえはすぐさまに列の後ろに並びました。
　　　30分ほど待つと，やっとお店が開き始め看板がでました。「本日のクリスマスケーキは限定50箱です。お一人様一箱限りです。午前10時からお売りします。順番を守ってお並びください。」
　　　そうです。よしえはこのケーキを買いたかったのです。お母さんも大好きなこのお店のケーキを買いたくて，去年もその前の年も並んだものの，売り切れてしまい買うことができませんでした。よしえはどうしてもこのクリスマスケーキをお母さんに買って帰ってあげたかったのです。
　　　「1・2・3・・・47・48！よかった，なんとかケーキを買えそう！！」前から列の人数を数えたよしえは，嬉しくなると同時に「これでお母さんの喜んだ顔が見られる」となんだかホッとしたのでした。よしえの後ろには，まだたくさんの人が並んでいます。10時まであと30分。あきらめて帰る人もいれば，なんとかなるのではと50番目より後ろであってもまだ並んで待ち続けている人がいるのです。
　　　そのとき，人のざわめきの中から大きな声で泣き叫ぶ小さい子の声がしてきました。よく見ると，泣きながらお母さんを捜して歩きまわっている男の子がいました。まわりを見回しても誰も声をかけようとはしません。「かわいそうに…」そう思ったよしえは，自分の前の人に「すみません。あの子が心配なのでみてきます。私の順番をお願いします。」と言いました。「ああ，いいよ。行っておいで。」そう言ってもらって，よしえはすぐさまに男の子にかけよっていきました。よしえは手を引いて，その子のお母さんを捜し始めました。
　　　20分ほどたった頃，やっと母親とめぐり会うことができました。母親も必死でさがしていたのです。母親は何度も頭をさげて，よしえにお礼の言葉を言ってから帰っていきました。
　　　「よかった。必死で探したかいがあった。」ふと時計を見てハッとしたよしえは，急いでケーキ屋の列にもどっていきました。「すみません。あの子のお母さん見つかりました。ありがとうございました。」そう言って，よしえは列に入りました。前の人は「それはよかったね。」と言ってくれました。「本当によかった。」よしえは，あの男の子がお母さんに会えたことと自分のとった行動に満足した気持ちで心が明るく温かくなっていました。
　　　ところがそのときです。後ろのほうから大きな怒鳴り声が聞こえてきたのです。「順番を守れよ！」「割り込みはやめろ！」よしえは驚きのあまり声がでませんでした。事情を知っているよしえの前後の人たちが，よしえが最初から並んでいたことや列を離れた理由を話してくれました。しかし，怒り声をあげた人たちの中には，「どんな理由かは知らないが，一度列を離れたら自分の順番をあきらめたのと同じだ。」と相手にしてくれない人もいました。

資料Ⅱ

　よしえは列に戻ることをあきらめるべきか，あきらめるべきでないか迷いました。

　よしえは，はやりルールは大事だと思い，列に入ることをあきらめました。ケーキは買えなかったけれど，迷子の男の子を助けたことは後悔していませんでした。でも，よしえは「ルールって，何のためにあるのだろう…」と思うと，なんだかすっきりしない気持ちでした。

(10) 板書計画

あきらめるべきでない	あきらめるべき
・言われたから仕方ない。 ・早くから並んでいたから。 ・いいことをして，どうしてあきらめないといけないのか。	・順番抜かしはルール違反だから。 ・みんな同じように並んでいる。

ルールについて考えたこと
・人助けをしたのにルール違反になる方はおかしい。
・状況によっては変更が許されるルールもあってよい。

よしえは，列にもどることをあきらめるべきか。

一度離れるとあきらめたのか問われる
・どうしてもほしい。
・絶対ゆずれない。
・会えてよかった。

場面絵
（行列）

よしえ

看板「順番を守ってお待ちください」

行列のできるケーキ屋さん

(11) 授業の様子

立ち止まり読みの資料提示 　　　　自分の考えを書いてまとめる

意見交流の様子

163

【ワークシート】

```
┌─────────────────────────────────┬─────────────────────────────────┐
│     行列のできるケーキ屋さん －道徳－    │ 今日の学習をして「ルールの役割」や「よりよいルール」について考えた │
│       月 日( ) 年 組 番(    )      │ ことや心に残ったことを書きましょう。                │
│ 1. よしえは，列にもどることをあきらめるべきでしょうか。あきらめるべ │   ┌─────────────────────────┐   │
│   きではないでしょうか。その理由も書きましょう。        │   │   「行列のできるケーキ屋さん」を学習して    │   │
│   ┌─────────────────────┐  │   │  月 日( ) 年 組 番(    )   │   │
│   │ あきらめるべき  ・  あきらめるべきでない │  │   └─────────────────────────┘   │
│   │ よしえは，(        ) です。なぜならば， │  │                                 │
│   └─────────────────────┘  │                                 │
│ 2. よしえがすっきりしない気持ちになったのはなぜでしょう。そのわけを │                                 │
│   考えて書きましょう。                   │                                 │
│                                 │                                 │
└─────────────────────────────────┴─────────────────────────────────┘
```

【児童の感想】

> 　ルールはみんなが気持ちよく過ごすためにあるけれど，今回のようによいことをして列にもどったら順番抜かしだとか変なところでルールを使っているので，ルールの使い方について考えた方がよいと思います。今回の場合，後の人達はもんくを言っているけれど，しなかったことをよしえさんがしたので，列に入れてあげるべきだと思います。ルールの役割やよりよいルールについて考えられたのでとてもよかったです。
> 　　　　　　　　　　　　　　　　　　　（小学6年　女児）

> 　今日この道徳の授業を受けて思ったことは，この社会のルールがないと，よしえさん以上にすっきりしない人やいやな気持ちになる人がでたり，もしかしたら，これが原因でもめごととかになると困るし，社会は多くの人がいて，一人一人考えは違うから，少しはよしえさんみたいな気持ちになる人がいても，それはしかたのないことだと思いました。
> 　　　　　　　　　　　　　　　　　　　（小学6年　男児）

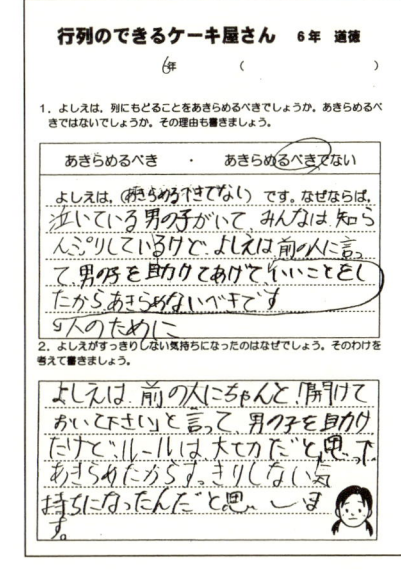

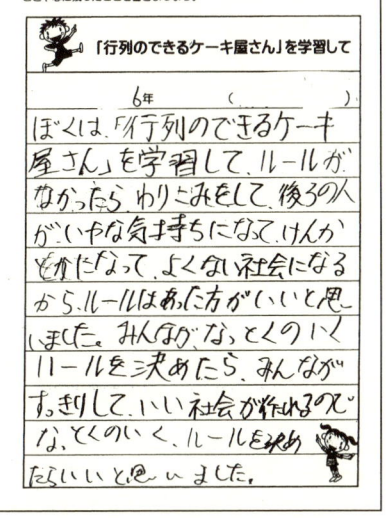

資料Ⅱ

行列のできるケーキ屋さん　6年　道徳

6年　(　　　)

1. よしえは、別にもどることをあきらめるべきでしょうか。あきらめるべきではないでしょうか。その理由も書きましょう。

あきらめるべき ・ あきらめるべきでない
よしえは、(あきらめるべきでない)です。なぜならば、泣いている男の子がいて、みんなは知らんぷりしているけど、よしえは前の人に言って男の子を助けてあげて、いいことをしたからあきらめないべきです。9人のために。

2. よしえがすっきりしない気持ちになったのはなぜでしょう。そのわけを考えて書きましょう。

よしえは、前の人にちゃんと「開けておいて下さい」と言って、男の子を助けただけでルールは大切だと思って、あきらめたからすっきりしない気持ちになったんだと思います。

「行列のできるケーキ屋さん」を学習して

6年　(　　　)

ぼくは、「行列のできるケーキ屋さん」を学習して、ルールがなかったら、わりこみをして、後ろの人がいやな気持ちになって、けんかとかになって、よくない社会になるから、ルールはあった方がいいと思いました。みんながなっとくのいくルールを決めたら、みんながすっきりして、いい社会が作れるので、なっとくのいく、ルールを決めたらいいと思いました。

行列のできるケーキ屋さん　6年　道徳

6年　(　　　)

1. よしえは、別にもどることをあきらめるべきでしょうか。あきらめるべきではないでしょうか。その理由も書きましょう。

あきらめるべき ・ あきらめるべきでない
よしえは、(あきらめるべきでない)です。なぜならば、よしえは、最初から並んでいたんだし、前の人にもちゃんと理由を言って列からはなれたんだからです。

2. よしえがすっきりしない気持ちになったのはなぜでしょう。そのわけを考えて書きましょう。

私は、ちゃんと前の人にも、理由を言って列からはなれたし、この場合、普通のルールとはちがい、前の人に言ったのでいいと思っているから。

「行列のできるケーキ屋さん」を学習して

6年　(　　　)

今日の学習をして、ルールは大切だと思いました。でも、場合によってルールもかわってほしいなぁと思ったし、みんなの気持ちがすっきりしないのではなくて、みんなが納得できるルールがあればいいと思いました。そして、この話しだったら、周りの人も、よしえさんの行動をわかってあげたり、考えてあげれば、みんなの気持ちがすっきりすると思いました。

※本実践は、広島市立竹屋小学校の矢形さち子教諭が第5学年で行った実践を参考に、著者が一部変更して同校の第6学年で実践したものである。

165

おわりに

　小学校教諭と研究者という二足の草鞋を履きながら，本研究を進め，学位論文としてまとめていくことは，想像以上の苦難に満ちたものであった。その道のりを振り返るとまさに感慨無量である。

　本書の出版にあたっては，多くの方々のご協力，ならびにご指導，ご助言と温かい励ましをいただいた。この場をお借りして厚くお礼申しあげたい。

　学位論文の執筆過程では，広島大学大学院教育学研究科の石井眞治先生，坂越正樹先生，森敏昭先生，鈴木由美子先生，井上弥先生，広島大学大学院文学研究科の越智貢先生より，多くのご指導，ご助言をいただいた。心より感謝を申しあげたい。また，温かく支え，励ましていただいた広島大学大学院教育学研究科や広島市立竹屋小学校の皆様，さらに，調査に協力いただいた多くの児童，生徒，学生，教職員の皆様にも，深く感謝申しあげたい。

　とりわけ，石井眞治先生，鈴木由美子先生のおふたりの恩師には，格別の感謝を申しあげたい。石井眞治先生には，筆者の論文指導の主任指導教員として，現職の小学校教諭であった筆者のために，土日や休日を返上して熱心にゼミ指導を行っていただいた。研究に関して多くのご示唆をいただくとともに，指導者としてのご立派な姿から，教師としても多くのことを学ばせていただいた。心より感謝申しあげたい。

　鈴木由美子先生には，公私にわたって多くのご指導と勇気をいただいた。現職教諭であった筆者が，本研究に着手しようと思ったのも先生の励ましがあったからである。そして，教諭としての仕事を続けながら学位論文をまとめ上げることができたのも，先生のご指導のおかげである。鈴木由美子先生には，休日はもとより，時には平日の夜中でさえもご指導いただ

た。また，論文指導と並行して，海外の学会発表のチャンスを与えていただくなど，幅広い視野からのご支援，ご指導をいただいた。さらに，研究の師としてだけでなく，子育てや日々の悩みなど人生の先輩としても多くのご示唆をいただいた。ここに記して，心より感謝申しあげたい。

　最後に，私のわがままを理解し，日々支えてくれた家族と論文の完成を自分のことのように喜んでくれた両親に深く感謝したい。ただ，本書の出版を楽しみにしながら，過日帰らぬ人となった母に，本書の出版を報告できなかったことは大きな心残りである。

　なお，本書は，平成22年度科学研究費補助金（研究成果公開促進費）学術図書の助成を受けたものである。本書の出版にあたっては，渓水社の木村逸司氏，木村斉子氏には多くのご助言をいただき，大変お世話になった。本書の出版は，おふたりのお力があればこそだと思っている。心より感謝申しあげたい。

2010年10月

森　川　敦　子

索引

【あ行】

相手の許容 42,55,56,57,58,59
一般化可能性（generalizability） 9,10,25
逸脱行為を許容する理由 41,42,46,47,49
岡島京子 10

【か行】

規範意識 4,5,6
規範意識の低下 3
「規範（normative regulation）」 5
規範意識に関する研究 5
基準判断（criteion judgment） 9,17
規則随伴性（rule contingency） 9,10,11,24
規則可変性（rule alterabiliry） 9,10,24
教師権威 11,13
規範意識の基礎形成期 89
規範の吟味期 90
規範の社会化期 91
規範の抽象化期 92
規範の主体化期 93
規範意識の育成に特化した道徳教育プログラム（の）モデル 3,7,85,94,95,96
気分 42,56
切り返し 127
「行列のできるケーキ屋さん」 159,162
口先道徳段階 94
権威依存性（authority contingency） 9,10,11,13,24

コールバーグ（Kohlberg） 4
高学年の道徳授業 152
「個人」領域 7
肯定期 89,91,93,95
混合領域（mix domain） 7

【さ行】

「社会的慣習（social convention）」 5
「社会的慣習」領域 7
「社会的慣習」概念の発達段階 60
「社会的慣習」概念の発達モデル 12,53,74,75,76,84
自己防衛 42,50,51,55,56,57,58,59,84,85
自己利益 42,56
自己の習慣 42,56
習慣（custom） 8
首藤敏元 10,13
シュウェーダー（Shweder） 14
集団主義（的）思考 30,39,40
集団主義尺度 31,32,33,35,39,115,116
集団の習慣 42,56,57,58,59
集団の許容 42,55,56
状況依存性（contextualism） 9,25,28,83
重大性（seriousness） 10,17
「状況依存性」の正当性判断 28,30,31,34,36,39,40,43,45,50
「順番」 146,148
スメタナ（Smetana） 10,11
鈴木由美子 30,37,40

【た行】

対人関係 40,42,84
滝充 6

169

他者の福祉　42,51,55,56,57,58,59
チュリエル（Turiel）　5
チュリエル（Turiel）の発達モデル　12,76,84
中学年の道徳授業　138
「つぶれた花」
ティサック（Tisak）　10
転換期　83,84
低学年の道徳授業　126,128
ディビッドソン（Davidson）　10
道徳的価値の内面的自覚　3
道徳的価値の明確化　4
道徳性の発達段階　4
「道徳（morality）」　5
「道徳」領域　7
ドッズワース-ルガニ（Dodsworth-Rugani）　10, 11
道徳の内容　86,87,88
「どっちにすればいいの」　132,135

【な行】

中根千枝　40
認知発達理論　4
二宮克美　5

【は行】

「バスケットボール大会と保健委員会」　151,155
否定期　90,92,95
ビッツ（Bitz）　11
ピアジェ（Piaget）　4
Pearsonの相関係数　36
文化普遍性　14
文化的相違　84
ベルソフ（Bersoff）　14
報復　42,56
補助発問　127

【ま行】

マハプトラ（Mahaptra）　14
「まいごのポチ」　138,140
ミラー（Miller）　14
矛盾道徳段階　94
モラル・ジレンマアプローチ　5

【や行】

ヤマグチ・クールマン・スギモリ　31
役割演技　133,134,137
U字型　26,28
ゆさぶり　127
吉岡昌紀　10

【ら行】

領域特殊理論（domain specific theory）　5,6,7

【著者紹介】

森川　敦子（もりかわ　あつこ）

1963年生まれ
1985年　広島大学学校教育学部卒業
1985年　広島第一女子商業高等学校講師
1986年　広島市立井口台小学校教諭
1994年　広島市立中島小学校教諭
2001年　広島大学大学院学校教育学研究科修士課程修了　修士（教育学）
2001年　広島市立竹屋小学校教諭
2008年　広島大学大学院教育学研究科博士課程後期課程修了　博士（教育学）
現　在　2009年から広島市教育委員会事務局学校教育部指導第二課 主任指導主事

【主な著書・論文】
「"畏敬の念"の決め手は，教材提示の工夫」（諸富祥彦編著『人間を超えたものへの「畏敬の念」の道徳授業』明治図書 2007年）
「どっちにすればいいの？」（服部志信編著『小学校道徳自作資料集』明治図書 2008年）
「実話資料と体験で迫る『いのち』の授業」（諸富祥彦編著『生と死を見つめる「いのち」の道徳授業』明治図書 2010年）
「子どもの『社会的慣習』と『道徳』との概念区別における基準判断の検討」（日本道徳教育方法学会『道徳教育方法研究 12』2006年）
「子どもの『社会的慣習』概念の発達に関する研究」（『広島大学大学院教育学研究科紀要（Ⅰ）56』2007年）
「規範意識を育成するための指導法に関する基礎的研究」（日本道徳教育学会編『道徳と教育 No.326』2008年）他

子どもの規範意識の育成と道徳教育
――「社会的慣習」概念の発達に焦点づけて――

平成22年10月31日　発行

著　者　森川　敦子
発行所　㈱溪水社
　　　　広島市中区小町1-4（〒730-0041）
　　　　電話（082）246-7909／FAX（082）246-7876
　　　　E-mail：info@keisui.co.jp
印刷・製本　モリモト印刷株式会社

ISBN978-4-86327-112-7 C3037